TIMENTIVM DEVM

Highlights

ÖSTERREICH

50 Ziele, die Sie gesehen haben sollten

Highlights

ÖSTERREICH

Hanne Egghardt
Oliver Bolch

BRUCKMANN

(v.l.n.r.) Fotofestival La Gacilly-Baden; Marillenblüte Wachau; Weinstraße zwischen Baden und Gumpoldskirchen; Neusiedlersee bei Rust; Stiftskirche Schlierbach; Blick vom Donauturm auf die Donauplatte.

Inhalt

Österreich –
Das Land im Herzen Europas 20

Wien und Umgebung 24

Route durch den Osten 26

1 **Glanz und Gloria** – das imperiale Flair der Kaiserstadt 28
2 **Imperialer Glanz** – die Prunkbauten der alten Kaiserstadt 32
3 **Pracht der Jahrhundertwende** – die Ringstraße 36
4 **Himmlisch süß** – Wien, das Paradies für Naschkatzen 40
5 **Jung und hipp** – Szene-Hotspots noch und noch 42
6 **Erlesene Kunst** – Museen, Museen, Museen 44
7 **Entzückende Biedermeier-Idylle** – Baden 46
8 **Liebenswertes Storchennest** – Rust am Neusiedlersee 50
9 **Prachtvoller Escorial an der Donau** – Stift Klosterneuburg 52
10 **Eine interessante Investitionsruine** – AKW Zwentendorf 54
11 **Einfach sensationell** – Kunstmeile Krems 55

Donauschiffe 56

12 **33 Kilometer Lieblichkeit** – die Wachau 58
13 **Barocker Höhepunkt** – Stift Melk 60

Österreichs schöne Landesmitte 62

Route ins Innere des Landes 64

14 **Magische Mozartstadt** – Salzburg 66
15 **Einzigartiger Wasserspaß** – Schloss Hellbrunn 70
16 **Anmut und stille Schönheit** – das Salzkammergut 72
17 **Geheimnisvolle Seen und stille Winkel** – das Ausseerland 76
18 **Kleinod zwischen Berg und See** – Hallstatt 80
19 **Glitzernde Wunder** – Eisriesenwelt Werfen 82
20 **Traurig, aber wahr** – KZ-Gedenkstätte Mauthausen 83
21 **Österreichs Klösterreich** – Stifte rund um Linz 86
22 **Zauberhaftes Altstadtjuwel** – Steyr 90
23 **Auf in die Zukunft** – Linz 92

Graz und die Steiermark 96

Ins grüne Herz Österreichs 98

24 **Märchenhafter Zauberberg** – Semmering 100
25 **Berühmter Gnadenort** – Mariazell 102

26 **Schillerndes Naturjuwel** – Grüner See 104
27 **Wildes Wasser, steiler Fels** – Nationalpark Gesäuse 106

Wanderbares Österreich **108**

28 **Geheime Liebe Österreichs** – Graz 110
29 **Genussvoll ein- und abtauchen** – steirisches Thermenland 116
30 **Stolz und mächtig** – die Riegersburg 118
31 **Malerisch und charmant** – die steirische Toskana 120

Kärnten und Osttirol 124

Route in den sonnigen Süden **126**

32 **Die »Rose vom Wörthersee«** – Klagenfurt 128
33 **Viel besungen, heiß geliebt** – der Wörthersee 132
34 **Kärntens stolzes Mittelalter-Juwel** – Burg Hochosterwitz 134
35 **Baden wie im Mittelalter** – das Karlbad 136
36 **Vom Fluss zum See** – Skulpturenstraße Krastal 138
37 **Paradies für Ruhesuchende** – der Weißensee 139

Hüttenglück **140**

38 **Das naturbelassenste Tal Europas** – Das Lesachtal 142
39 **Kärntens schönstes Bergdorf** – Heiligenblut 144
40 **Einsame Spitze** – die Großglockner Hochalpenstraße 148
41 **Wie nicht von dieser Welt** – Außer- und Innergschlöß 152

Tirol und Vorarlberg 154

Route in den »wilden Westen« **156**

42 **Die Schöne im Gebirg'** – Innsbruck 158
43 **Schaurig schön** – die »Schwarzen Mander« 162

Tiroler Fasnacht **164**

44 **Die Tiroler Bilderbuchburg** – Schloss Ambras 166
45 **Funkelnde Träume** – Kristallwelten Wattens 168
46 **Traumhafter Fjord der Alpen** – der Achensee 172
47 **Geheimtipp in den Alpen** – das Faschinajoch 174
48 **Berühmter Festspielort** – Bregenz 176
49 **Wie für den Urlaub geschaffen** – das Montafon 180
50 **Alles Käse** – Bregenzerwald 182

Register 186
Impressum 188

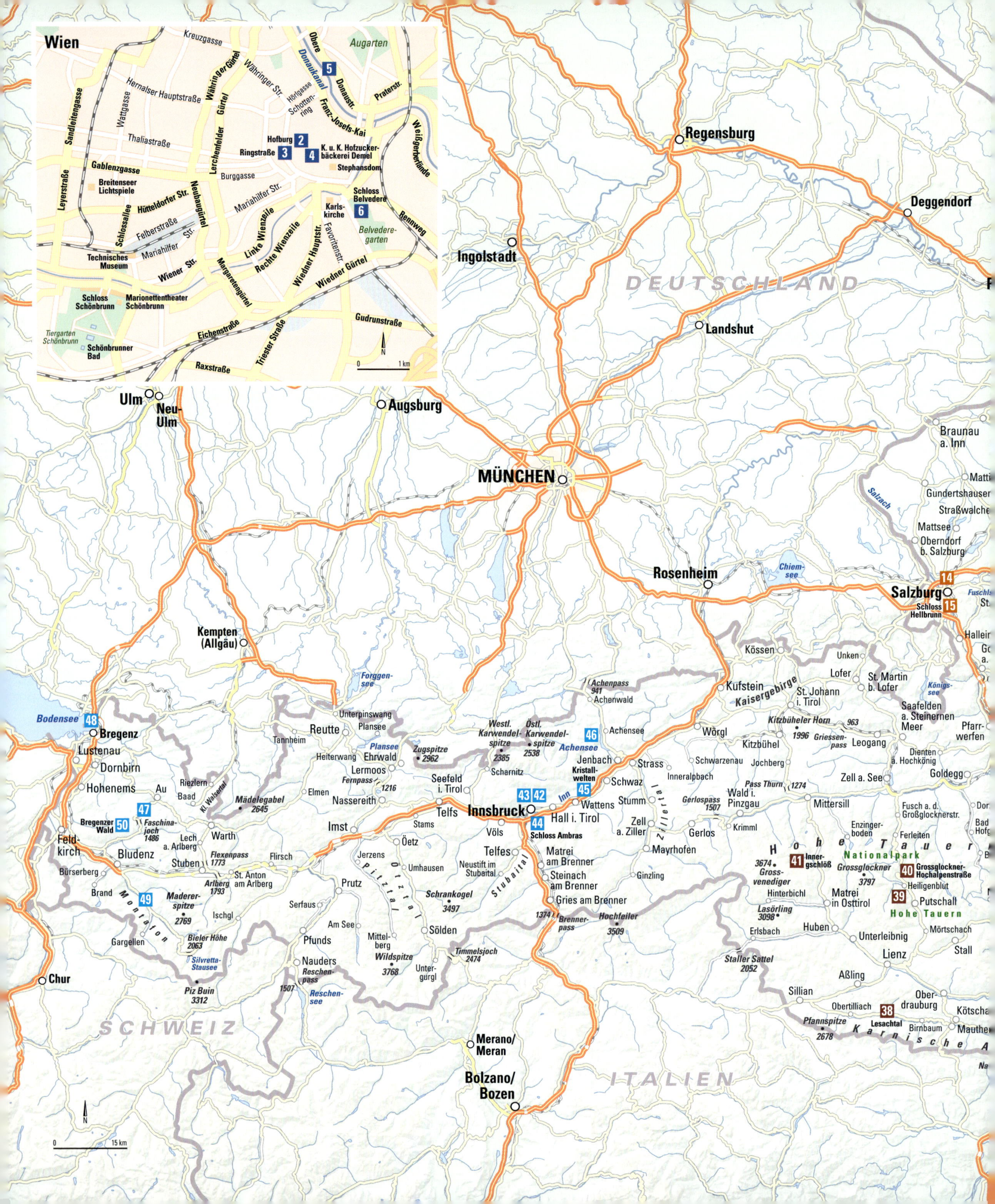

Wien
Kreuzgasse
Obere
Donaukanal
Augarten
5
Donaustr.
Hernalser Hauptstraße
Währinger Gürtel
Währinger Str.
Hörlgasse
Schottenring
Franz-Josefs-Kai
Praterstr.
Sandleitengasse
Wattgasse
Gürtel
Weißgerberlände
Thaliastraße
Hofburg 2
Ringstraße 3
4 K. u. K. Hofzuckerbäckerei Demel
Stephansdom
Gablenzgasse
Lerchenfelder
Burggasse
Breitenseer Lichtspiele
Hütteldorfer Str.
Neubaugürtel
Mariahilfer Str.
Schloss Belvedere
6
Karlskirche
Leyerstraße
Schlossallee
Felberstraße
Linke Wienzeile
Rechte Wienzeile
Favoritenstr.
Wiedner Hauptstr.
Belvederegarten
Rennweg
Technisches Museum
Mariahilfer Str.
Wiener Str.
Margaretengürtel
Wiedner Gürtel
Schloss Schönbrunn
Marionettentheater Schönbrunn
Gudrunstraße
Tiergarten Schönbrunn
Schönbrunner Bad
Eichenstraße
Triester Straße
Raxstraße
0 1 km
N
Regensburg
Deggendorf
Ingolstadt
DEUTSCHLAND
Landshut
Ulm
Neu-Ulm
Augsburg
MÜNCHEN
Braunau a. Inn
Salzach
Gundertshausen
Straßwalchen
Mattsee
Oberndorf b. Salzburg
Rosenheim
Chiemsee
14
Salzburg
Schloss Hellbrunn
15
Kempten (Allgäu)
Hallein
Kössen
Unken
Lofer
St. Martin b. Lofer
Königssee
Forggensee
Achenpass 941
Achenwald
Kufstein
Kaisergebirge
St. Johann i. Tirol
Saalfelden a. Steinernen Meer
Pfarrwerfen
Bodensee
48
Bregenz
Unterpinswang
Reutte
Pflach
Plansee
Tannheim
Westl. Karwendelspitze 2385
Östl. Karwendelspitze 2538
46
Achensee
Wörgl
Kitzbüheler Horn 1996
963
Griessenpass
Leogang
Kitzbühel
Lustenau
Dornbirn
Heiterwang
Ehrwald
Zugspitze 2962
Scharnitz
Jenbach
Strass
Schwarzenau
Jochberg
Dienten a. Hochkönig
Hohenems
Lermoos
Fernpass 1216
Seefeld i. Tirol
Kristallwelten
Schwaz
Inneralpbach
Zell a. See
Goldegg
Au
Riezlern
Baad
Kl. Walsertal
Elmen
Nassereith
Mädelegabel 2645
43 42
45
Inn
Wattens
Stumm
Zillertal
Gerlospass 1507
Pass Thurn 1274
Wald i. Pinzgau
Mittersill
Fusch a. d. Großglocknerstr.
47
Faschinajoch 1486
Innsbruck
Telfs
Hall i. Tirol
Bregenzer Wald
50
Feldkirch
Lech a. Arlberg
Warth
Imst
Stams
Völs
44
Schloss Ambras
Zell a. Ziller
Gerlos
Krimml
Enzingerboden
Ferleiten
Bludenz
Flexenpass 1773
Flirsch
Oetz
Telfes
Matrei am Brenner
Mayrhofen
Hohe Tauern
Nationalpark
Stuben
Jerzens
Umhausen
Neustift im Stubaital
3674 Grossvenediger
41 Innergschlöß
Grossglockner 3797
40 Grossglocknerhochalpenstraße
Heiligenblut
Bürserberg
Arlberg 1793
St. Anton am Arlberg
Pitztal
Ötztal
Stubaital
Steinach am Brenner
Ginzling
Brand
49
Montafon
Maderer-spitze 2769
Prutz
Schrankogel 3497
Gries am Brenner
Hinterbichl
Matrei in Osttirol
39
Putschall
Ischgl
Serfaus
1374
Brennerpass
Hochfeiler 3509
Lasörling 3098
Gargellen
Bieler Höhe 2063
Am See
Pfunds
Sölden
Erlsbach
Huben
Unterleibnig
Mörtschach
Silvretta-Stausee
Mittelberg
Wildspitze 3768
Timmelsjoch 2474
Staller Sattel 2052
Lienz
Stall
Chur
Nauders
Reschenpass
Untergurgl
Aßling
1507
Piz Buin 3312
Reschensee
Sillian
Oberdrauburg
Obertilliach
38
Lesachtal
SCHWEIZ
Pfannspitze 2678
Birnbaum
Karnische Alpen
Merano/Meran
ITALIEN
Bolzano/Bozen
N
0 15 km

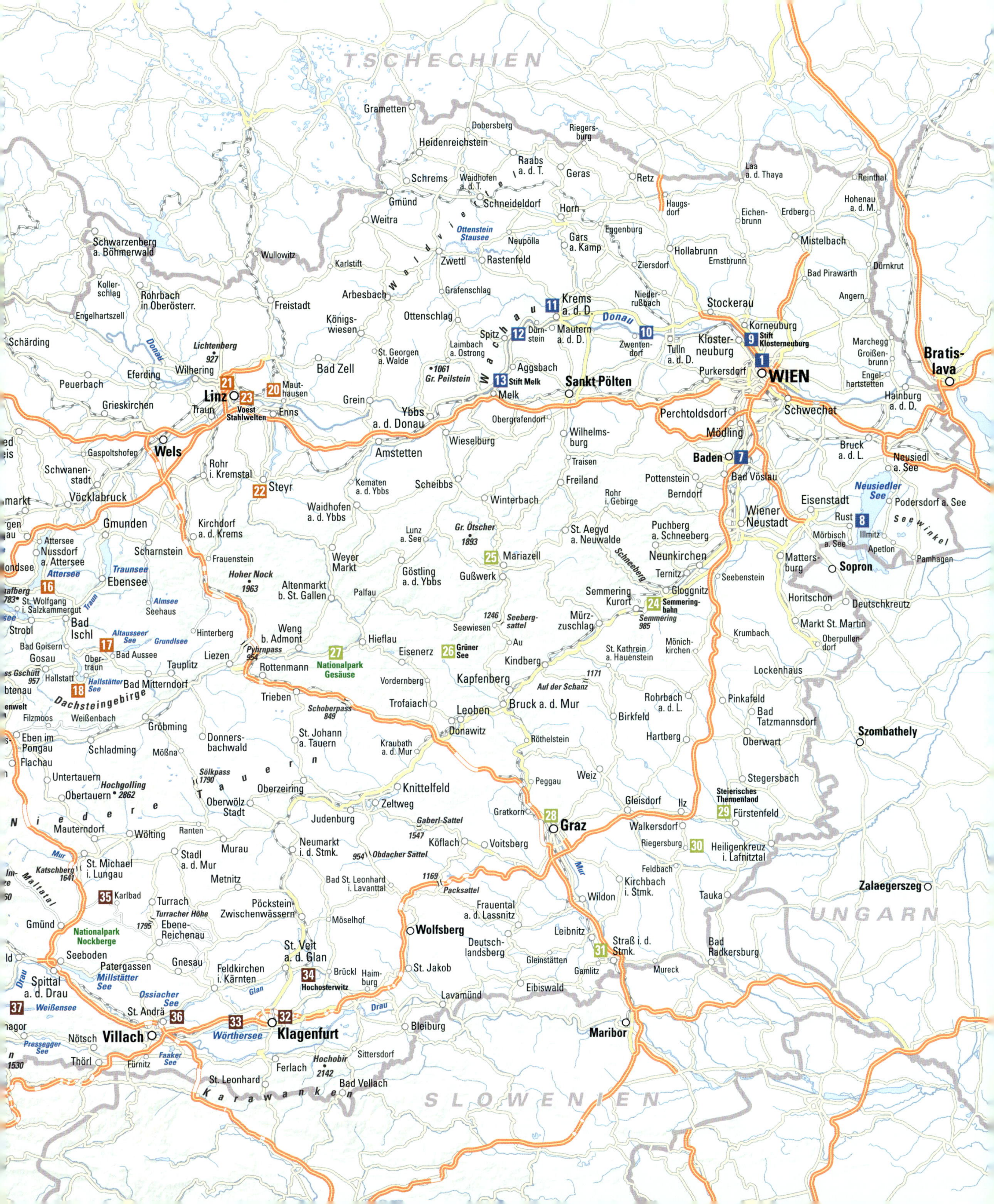

TSCHECHIEN
Grametten
Dobersberg
Riegersburg
Heidenreichstein
Raabs a. d. T.
Geras
Retz
Laa a. d. Thaya
Reinthal
Schrems
Waidhofen a. d. T.
Schneideldorf
Gmünd
Horn
Haugsdorf
Eichenbrunn
Erdberg
Hohenau a. d. M.
Weitra
Waldviertel
Ottenstein Stausee
Neupölla
Gars a. Kamp
Eggenburg
Mistelbach
Schwarzenberg a. Böhmerwald
Wullowitz
Karlstift
Zwettl
Rastenfeld
Hollabrunn
Ernstbrunn
Ziersdorf
Dürnkrut
Bad Pirawarth
Kollerschlag
Rohrbach in Oberösterr.
Freistadt
Arbesbach
Grafenschlag
Krems a. d. D.
Niederrußbach
Angern
Stockerau
Engelhartszell
Königswiesen
Ottenschlag
Wachau
Dürnstein
Mautern a. d. D.
Donau
Korneuburg
Stift Klosterneuburg
Schärding
Donau
Lichtenberg 927
St. Georgen a. Walde
Laimbach a. Ostrong
Spitz
Zwentendorf
Tulln a. d. D.
Klosterneuburg
Marchegg
Großenbrunn
Bratislava
Peuerbach
Eferding
Wilhering
Bad Zell
1061 Gr. Peilstein
Aggsbach
Stift Melk
Sankt Pölten
Purkersdorf
WIEN
Engelhartstetten
Linz
Mauthausen
Grein
Melk
Hainburg a. d. D.
Grieskirchen
Traun
Voest Stahlwelten
Enns
Ybbs a. d. Donau
Obergrafendorf
Perchtoldsdorf
Schwechat
Wels
Gaspoltshofen
Amstetten
Wieselburg
Wilhelmsburg
Mödling
Bruck a. d. L.
Neusiedl a. See
Schwanenstadt
Rohr i. Kremstal
Steyr
Kematen a. d. Ybbs
Scheibbs
Traisen
Freiland
Baden
Bad Vöslau
Pottenstein
Berndorf
Neusiedler See
Podersdorf a. See
Vöcklabruck
Waidhofen a. d. Ybbs
Winterbach
Rohr i. Gebirge
Eisenstadt
Wiener Neustadt
Rust
Seewinkel
Gmunden
Kirchdorf a. d. Krems
Lunz a. See
Gr. Ötscher 1893
St. Aegyd a. Neuwalde
Puchberg a. Schneeberg
Mörbisch a. See
Illmitz
Apetlon
Attersee
Nussdorf a. Attersee
Scharnstein
Frauenstein
Weyer Markt
Mariazell
Schneeberg
Neunkirchen
Mattersburg
Sopron
Pamhagen
Attersee
Traunsee
Ebensee
Hoher Nock 1963
Altenmarkt b. St. Gallen
Göstling a. d. Ybbs
Gußwerk
Ternitz
Seebenstein
St. Wolfgang i. Salzkammergut
Traun
Almsee
Seehaus
Palfau
Semmering Kurort
Gloggnitz
Semmeringbahn
Semmering 985
Horitschon
Deutschkreutz
Bad Ischl
Strobl
Weng b. Admont
1246 Seebergsattel
Seewiesen
Mürzzuschlag
Markt St. Martin
Altausseer See
Grundlsee
Hinterberg
Hieflau
Au
Mönichkirchen
Krumbach
Oberpullendorf
Bad Goisern
Gosau
Bad Aussee
Obertraun
Liezen
Pyhrnpass 954
Nationalpark Gesäuse
Eisenerz
Grüner See
Kindberg
St. Kathrein a. Hauenstein
Hallstatt
Hallstätter See
Bad Mitterndorf
Tauplitz
Rottenmann
Vordernberg
Kapfenberg
1171
Auf der Schanz
Lockenhaus
Dachsteingebirge
Trieben
Trofaiach
Leoben
Bruck a. d. Mur
Rohrbach a. d. L.
Pinkafeld
Filzmoos
Weißenbach
Schoberpass 849
Birkfeld
Bad Tatzmannsdorf
Eben im Pongau
Gröbming
Donnersbachwald
St. Johann a. Tauern
Kraubath a. d. Mur
Donawitz
Röthelstein
Hartberg
Oberwart
Szombathely
Flachau
Schladming
Mößna
Untertauern
Sölkpass 1790
Hochgolling
Obertauern 2862
Tauern
Oberzeiring
Knittelfeld
Peggau
Weiz
Stegersbach
Oberwölz Stadt
Zeltweg
Gratkorn
Gleisdorf
Ilz
Steierische Thermenland
Fürstenfeld
Niedere
Mauterndorf
Wölting
Ranten
Judenburg
Gaberl-Sattel 1547
Graz
Walkersdorf
Riegersburg
Heiligenkreuz i. Lafnitztal
Mur
Katschberg 1641
St. Michael i. Lungau
Stadl a. d. Mur
Murau
Neumarkt i. d. Stmk.
Köflach
Voitsberg
954 Obdacher Sattel
Maltatal
Karlbad
Metnitz
Bad St. Leonhard i. Lavanttal
1169 Packsattel
Feldbach
Kirchbach i. Stmk.
Zalaegerszeg
Wildon
Tauka
Turrach
Turracher Höhe 1795
Ebene-Reichenau
Pöckstein-Zwischenwässern
Möselhof
Frauental a. d. Lassnitz
UNGARN
Gmünd
Nationalpark Nockberge
Wolfsberg
Deutschlandsberg
Leibnitz
Straß i. d. Stmk.
Bad Radkersburg
Seeboden
Patergassen
Gnesau
St. Veit a. d. Glan
Feldkirchen i. Kärnten
Brückl
Haimburg
Hochosterwitz
St. Jakob
Gleinstätten
Gamlitz
Mureck
Eibiswald
Drau
Spittal a. d. Drau
Millstätter See
Ossiacher See
Glan
Weißensee
St. Andrä
Lavamünd
Drau
Bleiburg
Maribor
Nötsch
Villach
Wörthersee
Klagenfurt
Pressegger See
1530
Thörl
Fürnitz
Faaker See
Ferlach
Hochobir 2142
Sittersdorf
St. Leonhard
Bad Vellach
Karawanken
SLOWENIEN

Frühling in den Nockbergen:
der Kaninger Wolitzen See

Die größte Klosterbibliothek der Welt: die Bibliothek im Stift Admont

PHILOSOPHI.

Die wild schäumende
Enns im Gesäuse

Schloss Belvedere,
Prinz Eugens Sommerpalais

Das Standbild Erzherzog Johanns am Grazer Hauptplatz (oben). Die Basilika von Mariazell (rechts).

Österreich

Das Land im Herzen Europas

Der imperiale Glanz der alten Kaiserstadt Wien, grüne Almmatten und himmelstürmende Berge, dunkle Seen und liebliche Weinberge: Österreich ist ein Land mit vielen Facetten. Es hat neun Bundesländer und ebenso viele Gesichter. Jedes anders als das andere, aber alle gleich in einem Ausdruck: Sie lächeln Gästen freundlich entgegen und heißen sie herzlich willkommen.

Im Westen der Bodensee und im Osten der Neusiedlersee, das sind die beiden Eckpunkte des Landes. Zwei Seen, wie sie unterschiedlicher nicht sein könnten, die aber doch eines verbindet: Sie liegen zugleich auf anderen Staatsgebieten, und Österreich teilt sie mit seinen Nachbarn. Für das Land, das sich zwischen ihnen in nahezu unendlicher Vielfalt erstreckt, ist das ein starkes Symbol: Aus dem einst mächtigen Vielvölkerstaat, der die Geschicke Europas mitbestimmt hat, ist zwar ein kleines Land im Herzen Europas geworden, es ist aber frei, nicht eingeengt durch Grenzen und offen in jede Richtung.

Erstaunliche Vielfalt

Die Gesamtfläche Österreichs beträgt knapp 84 000 Quadratkilometer. Wie viele verschiedene Landschaftsformen auf dieser relativ kleinen Fläche Platz finden, ist immer wieder erstaunlich. Es gibt Hoch- und Mittelgebirgsregionen, Hügelland und Ebenen. Vom Westen über den Süden bis hin zum Wiener Becken erstreckt sich der Ostalpenraum, der nahezu zwei Drittel

ALLFAHRTSWAREN 3 u.4
KERZEN

der Gesamtfläche Österreichs einnimmt. Während im Westen hohe Gebirge dominieren, flacht das Land nach Osten hin ab, zum Flach- und Hügelland der Süd- und Oststeiermark und des Burgenlandes und zur pannonischen Tiefebene im nördlichen Burgenland.
So unterschiedlich die Bilder der einzelnen Landschaften auch sein mögen, sie fügen sich doch zu einer harmonischen Einheit zusammen. Sie ergeben ein Land, das seine Kraft lange aus der Natur geschöpft hat. Aus dem Salz, dem Eisen, dem Wasser und dem Holz. Und ein Land, in dem Kultur einen hohen Stellenwert hat. Hunderte von Kirchen, Klöstern, Stiften, Schlössern und Burgen besitzen atemberaubende Kunstschätze. Dazu kommt ein hochinteressantes, lebendiges Kulturgeschehen. In Österreich gibt es kaum noch einen Ort ohne Festspiele. Dabei wird in den meisten Fällen Kunst auf höchstem Niveau geboten. Bei den Salzburger und Bregenzer Festspielen ebenso wie im Rahmen des vielfältigen Kulturangebots von Wien.

Das Urlaubsparadies schlechthin

Der Aufstieg Österreichs zu einem Ferienparadies begann schon früh. Es war um die Mitte des 19. Jahrhunderts, in der Biedermeierzeit, als stressgeplagte Städter ihre Liebe zur Natur entdeckten. Sie begannen, aus den engen Straßen hinaus ins Grüne zu fahren, und suchten im Wienerwald und bei den »Hausbergen« Schneeberg und Rax Erholung. Der Trend setzte sich fort, als Wien allein durch den Bau der Ringstraßengebäude und der Wasserleitungen zu einer einzigen staubigen Großbaustelle wurde. Wer konnte, packte zu Beginn der schönen Jahreszeit seine Siebensachen und zog hinaus aufs Land. Das Kaiserhaus gab den Ton an. Die »Sommerfrische« wurde obligatorisch. Dieser Trend setzte sich fort, als gegen Ende des 19. Jahrhunderts die typischen Flachlandbewohner Europas, allen voran Briten und Preußen, in Leidenschaft zu den Bergen entbrannten und bewaffnet mit Seil und Pickel die Felswände Tirols und Vorarlbergs erklommen. Der absolute Höhenflug folgte schließlich, als das Skifahren zum populären Sport und die Kärntner Seen im Sommer zum Inbegriff des »Dolce Vita« wurden.

Outdoor-Sport für die ganze Familie

In den letzten Jahren hat sich Österreich als Kombinationssieger in Sachen Urlaub erwiesen. Im Winter genießen die Feriengäste in Tirol, Vorarlberg, Salzburg, der Steiermark und Kärnten die durch den Schnee wie verzaubert

Wandern im Nationalpark Gesäuse

wirkende Gebirgslandschaft. Sie gleiten auf Tausenden von Pistenkilometern aus dem durch immer neuere und modernere Liftanlagen erschlossenen Hochgebirge ins Tal, essen in alpinen, balkongeschmückten Holzhäusern deftige Kost und hören volkstümliche Lieder.
Im Sommer sind dieselben Berge das Ziel wanderfreudiger Touristen. Almen und Almhütten erleben einen Boom ganz anderer Art: Urlaub auf der Alm ist beliebt wie nie. Für Familien bedeutet er Abenteuer, Spaß und vor allem Natur pur. Kinder können abseits von Autoverkehr und Großstadtlärm auf Entdeckungsreise gehen, seltene Tierarten beobachten und mit eigenen Augen sehen, dass die Milch nicht aus dem Packerl im Supermarkt kommt. Und Erwachsenen garantieren lange Wanderwege über saftige Wiesen vor überwältigenden Bergpanoramen, leises Glockengebimmel und sprudelnde Quellen Erholung und Entspannung. Und dass es abends in malerischer Abgeschiedenheit bei Petroleumlicht in der Hütte urig zugeht, verleiht dem Almurlaub noch ganz besonderen Charme.
Das ist aber noch lange nicht alles. Der Tourismus, der vor der Corona-Krise mit einem Umsatz von rund 26 Milliarden Euro über sieben Prozent des Bruttoinlandsproduktes erwirtschaftete, folgt immer neuen Trends. Wer das Abenteuer sucht, hat die Qual der Wahl zwischen Rafting, Wildwasserkajak, Mountainbiken, Paragliding und Drachenfliegen. Für den erholsamen Badeurlaub hingegen eignen sich die vielen Seen Kärntens und des Salzkammerguts. Ein anderer Trend stützt sich auf die Kraft des heißen Wassers. Das Thermenland im Südosten Österreichs bietet neben seiner überaus reizvollen, sanften Hügellandschaft vielfache Möglichkeiten für Kuren, Fitness- und Wellnessurlaube.

Kunst und Kultur auf höchstem Niveau

Einem ganz anderen Trend folgend kommen Gäste nach Österreich, um Kunst zu genießen. Salzburg, Bregenz, Mörbisch, St. Margarethen, Ossiach, das sind nur einige der Orte, die ganz im Zeichen von klassischer Musik, Oper, Operette, Musical und Theater stehen. Eine hochinteressante Entwicklung hat auch Wien genommen. Zu dem schon traditionell hohen Angebot von klassischer und moderner Musik, die vermutlich nirgends auf der Welt auf höherem Niveau zu hören ist, hat sich die junge Musikszene rasant entwickelt. Ob bei Festivals in der Natur wie beim Donauinselfest in Wien, ob auf der Wiese wie beim Nova Rock in Nickelsdorf, in Burgarenen wie das Clam Festival oder am Berg wie in Saalbach – die Post geht gehörig ab!
Eine aufsehenerregende Entwicklung haben auch viele Museen gekommen. Quasi als Auftakt wurde »MQ«, das MuseumsQuartier in Wien, neugestaltet. Seine Museen bieten interessante Ausstellungen, zudem entwickelte sich das riesige Areal mit seinen Lokalen und Restaurants aber auch zu einem Ort moderner urbaner Kommunikation. Viele andere Museen zogen nach. Der jüngste Stern am Museumshimmel ist in Wien die Albertina modern, sie zeigt moderne Kunst im renovierten Prestigebau des Historismus, dem Künstlerhaus. Aber das sind nur zwei Beispiele von nahezu unendlich vielen, die es zu entdecken gilt.

Schloss Ambras: der Spanische Saal

Wien und Umgebung

Der bezaubernde Osten

Der wie kunstvolle Stickerei wirkende Blumenschmuck der Prachtterrasse von Schloss Hof (links). Störche in Rust (oben). Fiaker in der Wiener Innenstadt (unten).

Blick über die Alte Donau zum Donauturm

Route durch den Osten

Wien, die Donau und der Wein

Wien ist einzigartig. Es zählt zu den wenigen Großstädten der Welt, die innerhalb ihrer Grenzen einen Nationalpark besitzen. Und in seiner Umgebung verschmelzen Natur und Kultur zu einer bezaubernden Harmonie. Diese Route führt zu kulturellen Highlights, zu romantischen Städten und zu Landschaften von atemberaubender Schönheit. Und immer zum Wein.

tourenInfo

Start: Wien
Ziel: Baden–Rust–Klosterneuburg–Zwentendorf–Krems–Wachau – Stift Melk
Länge: 250 km
Dauer: 11 Tage
Beste Reisezeit: Frühling, Spätsommer, Herbst
Sehenswertes: Der Neusiedlersee ist einen längeren Aufenthalt wert.
Unterkunft: Eine interessante Alternative zu den vielen Wiener Hotels aller Preisklassen ist Magdas Hotel. www.magdas-hotel.at

Weitere Infos

Die Wachau zählt zu den schönsten Landschaften Europas. Die rechtsseitige Donau-Uferstraße führt durch das rund 35 km lange Tal, das mit landschaftlicher Schönheit und seit Jahrhunderten unveränderten, einfach hinreißenden Orten punktet. Durch die Wachau führt auch der beliebte Donauradweg Bratislava–Passau.

Das Schloss Schönbrunn, die Hofburg, die vielen Palais, Kirchen und Parks: 1 **Wien,** die einst so mächtige Donaumetropole, hat von ihrem Glanz nichts eingebüßt. Im Gegenteil, sie strahlt heute mehr denn je. Am besten spiegelt die große alte Zeit die 2 **Prunkbauten** und der Prachtboulevard der 3 **Ringstraße** wider, den man idealerweise per Tram erkundet. Sechs Kilometer lang, 60 Meter breit und flankiert von herrlichen Monumentalbauten, Wohnpalais und Parks präsentiert er sich heute genauso eindrucksvoll wie einst – oder sogar noch schöner. Wien weiß aber auch kulinarisch zu entzücken. Abgesehen von der Wiener Küche, die übrigens von überallher stammt, nur nicht aus Wien, kommen Naschkatzen in 4 **Tempeln des Süßen,** in Konditoreien, auf ihre Rechnung. Wer glaubt, Wien sei eine stockkonservative Stadt, der irrt sich gewaltig. In den letzten Jahren hat sich eine 5 **junge, hippe Szene** etabliert, nachts geht die Post ab, es gibt tolle Festivals und jede Menge Möglichkeiten für Sport und Fitness. Und dafür, dass Wien in puncto Kultur zu immer neuen Höhenflügen ansetzt, sorgen neben Oper und Theater auch die vielen modernen 6 **Museen.**

Liebliche Weinberge

Südlich von Wien verändert sich die Landschaft rasch. Bald erheben sich Weinberge aus dem flachen Land, und auch 7 **Baden,** das Biedermeier-Idyll, ist von herrlichen Weingärten umgeben. Hier gilt es, bei einem Spaziergang die gediegene, elegante Atmosphäre des k.u.k. Österreich und im Kurpark oder dem Doblhoffpark den Duft von Rosen und frischem Grün zu genießen. Ein besonderes Erlebnis garantiert ein Abstecher zu dem rund 50 Kilometer weiter östlich gelegenen Neusiedlersee. Der übrigens auch von Weinbergen gesäumte Steppensee mit seinem dichten Schilfgürtel und seiner einzigartigen Vogelwelt ist ein kleiner Kosmos für sich. Einer der reizendsten Orte ist das liebenswerte Storchennest 8 **Rust.** Dort ist es geradezu ein Muss, ein Glas Wein und burgenländische Schmankerl zu verkosten – im Idealfall in einem blumenumrankten Innenhof.

Die Donau entlang

Auch wer Wien in westlicher Richtung verlässt, folgt den Spuren des Weines an der Donau. Da ist zunächst 9 **Klosterneuburg,** das mächtige Stift, das mit seiner grünen Kuppel und den beiden spitzen gotischen Türmen gleichsam in den Himmel ragt. Im Stift sind erlesene Kunstschätze zu bestaunen, und als Draufgabe wartet eine Führung durch den vierstöckigen barocken Keller des ältesten und größten Weingutes Österreichs. Eine Sehenswürdigkeit der besonderen Art ist 40 Kilometer weiter zu bestaunen: das 10 **AKW Zwentendorf,** ein Atomkraftwerk, das zwar fertiggestellt wurde, aber nie in Betrieb ging, und in dem man heute – übrigens einzigartig in der Welt – einen Reaktor von innen anschauen kann. Ganz anderes bietet 11 **Krems** seinen Besuchern. In der hübschen alten Stadt an der Donau wartet die Kunstmeile Krems mit einem grandiosen Kulturangebot auf. Und dann geht es in die 12 **Wachau,** die wohl lieblichste Region Österreichs mit ihren steilen, terrassenförmig angelegten Weingärten, den entlang der Donau wie Perlen auf einer Kette aufgereihten Ortschaften und dem 13 **Stift Melk** als krönendem Abschluss. Für diese Tour ist mindestens eine Woche zu planen.

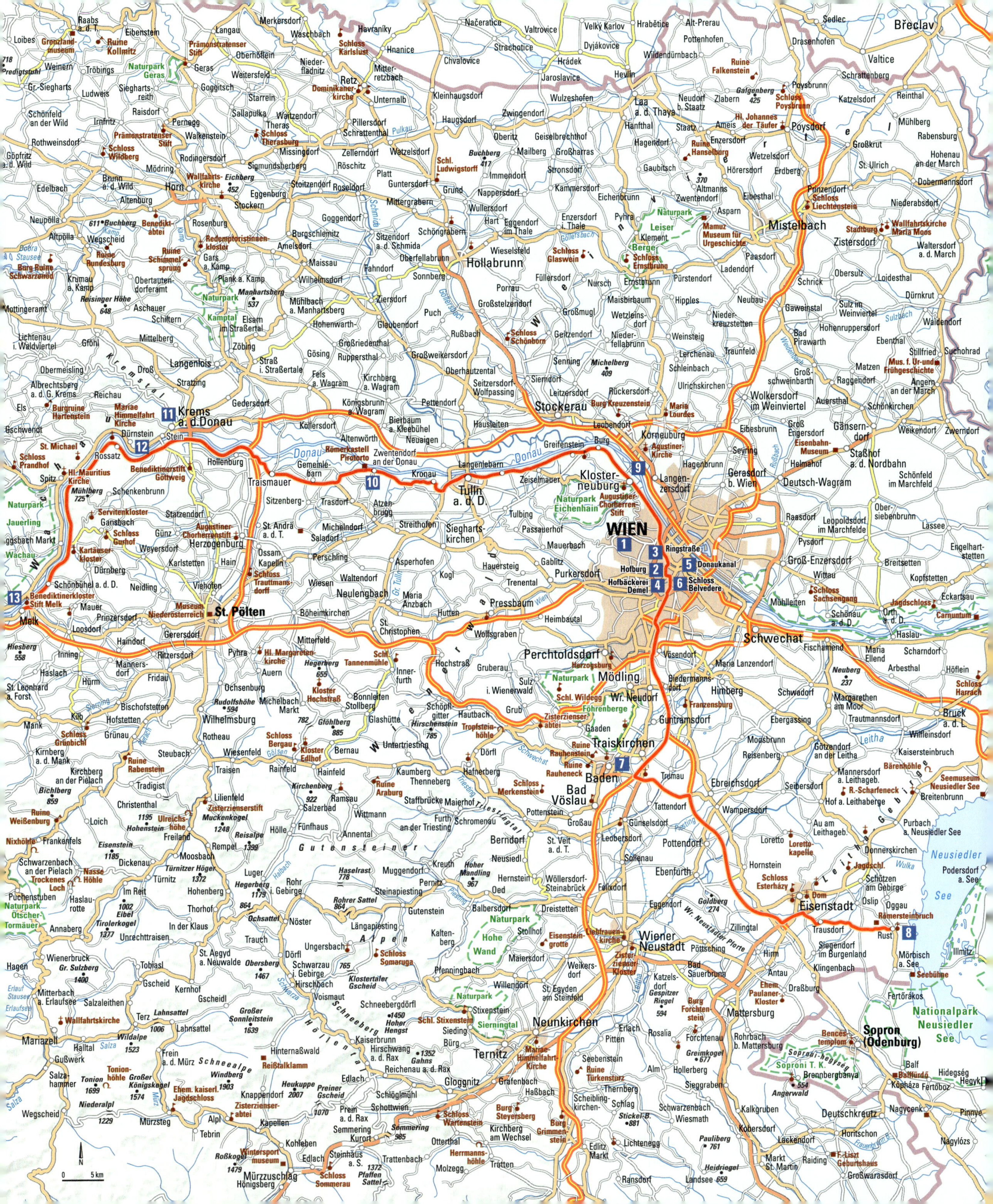

Krems a. d. Donau
St. Pölten
Melk
Tulln a. d. D.
Stockerau
Hollabrunn
Mistelbach
Poysdorf
Břeclav
Retz
Horn
Langenlois
Herzogenburg
Traismauer
Neulengbach
Pressbaum
Purkersdorf
Klosterneuburg
WIEN
Ringstraße
Hofburg
Hofbäckerei Demel
Donaukanal
Schloss Belvedere
Schwechat
Perchtoldsdorf
Mödling
Wr. Neudorf
Traiskirchen
Baden
Bad Vöslau
Himberg
Bruck a. d. L.
Eisenstadt
Rust
Neusiedler See
Wiener Neustadt
Neunkirchen
Ternitz
Gloggnitz
Mürzzuschlag
Mariazell
Mattersburg
Sopron (Ödenburg)
Wolkersdorf im Weinviertel
Korneuburg
Gerasdorf b. Wien
Deutsch-Wagram
Groß-Enzersdorf
Laa a. d. Thaya
Donau
Naturpark Eichenhain
Naturpark Hohe Wand
Nationalpark Neusiedler See
Wienerwald
Gutensteiner Alpen
Hohe Wand
Schneealpe
Leitha Gebirge
0 5 km
N
1
2
3
4
5
6
7
8
9
10
11
12
13

Der Stephansdom, das Wahrzeichen Wiens (oben). Die Peterskirche in der Wiener Innenstadt (rechts).

1 Glanz und Gloria – das imperiale Flair der Kaiserstadt

Die Donaumetropole strahlt wie nie zuvor

Prunkvolle Palais, Kirchen und Parks, große Boulevards und kleine, verwinkelte Gässchen: In Wien ist die große Vergangenheit ständig präsent. Die gute, alte Kaiserstadt verströmt auch heute noch kaiserlich-nostalgisches Flair. Aber nicht nur das. Die dynamische Donaumetropole liegt zwar in inniger Umarmung mit ihrer Vergangenheit, sie startet aber auch mit starker Schubkraft Richtung Zukunft durch.

In Wien sind die Straßen nicht mit Steinen gepflastert, sondern mit Geschichte, sagt man. Das stimmt. Mehr als 100 Jahre nach dem Ende der österreichischen Monarchie erlebt sie ihr fulminantes Comeback. Besucher wandern auf den Spuren des Doppeladlers vom Stephansdom zur Kapuzinergruft, von der Albertina in den Burggarten und von der Augustinerkirche zur Hofburg. Und überall stehen die Zeichen unübersehbar auf Kaiser-Nostalgie. Vieles ist so wie zu Zeiten von »Sisi« und »Franzl«, der schönen, unglücklichen Kaiserin und dem längstdienenden Monarchen.

Zentrum des städtischen Lebens

Der Inbegriff von Eleganz, der imperiale Spiegel der Donau-Monarchie, das war zu Kaisers Zeiten der Wiener Graben. Seine vielen noblen Geschäfte gaben vor, was gediegener Geschmack bedeutet. Die meisten der Gebäude stammen aus dem 19. und 20. Jahrhundert. Zwei besonders markante Bauten stehen einander an der Ecke zum Stephansplatz gegenüber: das moderne Haas-Haus und das ab 1887 für eine New Yorker Lebensversicherungsanstalt errichtete Palais Equitable, dessen Dach ein amerikanischer Adler ziert. Das von Otto Wagner

PARFUM

(1841–1918) gebaute Anker-Haus fasziniert vor allem durch seinen gläsernen Dachaufbau, den lange Zeit Friedensreich Hundertwasser (1928–2000) bewohnte. Das einzige Barockgebäude ist das 1720 von Lucas von Hildebrandt (1668–1745) erbaute Palais Bartolotti-Partenfeld, ein frühes Mietshaus.

Seit 1693 dominiert die 18 Meter hohe Dreifaltigkeitssäule den Graben, die Kaiser Leopold I. anlässlich der Pestepidemie von 1679 stiftete. Sie stellt eine über einem Sockelaufbau aufsteigende Pyramide dar, die von einer Dreifaltigkeitsgruppe über weißem Wolkengetürm mit neun Engeln und Putti gekrönt wird. Die Darstellungen des betenden Kaisers und »Der Glaube besiegt die Pest« berühren noch heute. Mitte des 18. Jahrhunderts wandelte sich der Graben vom Marktplatz zum Zentrum des städtischen Lebens. Die Gemüsehändler mussten weichen, nach und nach etablierten sich noble Geschäfte, und bald wurde der Straßenzug zum Treffpunkt der eleganten Welt, jedenfalls tagsüber. Nachts kam die Halbwelt mit Täschchen schwingenden »Grabennymphen«. In jüngster Vergangenheit war der Graben immer wieder Ziel städtischer Modernisierungen. Hier wurden im Dezember 1950 die erste Neonbeleuchtung und im November 1974 die erste Fußgängerzone der Stadt in Betrieb genommen. Eine einschneidende Veränderung erlebte der Graben im Frühjahr 2009, als insgesamt 700 Quadratmeter Granitpflaster neu verlegt wurden.

Das Reiterstandbild Erzherzog Albrechts von Teschen vor dem Haupteingang zur Albertina (unten). Obst und Gemüse aus aller Welt am Naschmarkt (ganz unten). Die Pestsäule am Graben (rechts oben).

Weltkulturerbe Altstadt

Im Jahr 2001 wurde die Altstadt von Wien zum UNESCO-Weltkulturerbe erklärt. Grund dafür war unter anderem, dass Wien einen Knotenpunkt der europäischen Geschichte darstellt. Ob als römisches Legionslager oder als k. u. k. Haupt- und Residenzstadt spielte sie über Jahrhunderte eine zentrale Rolle im politischen Gefüge Europas. Ihr historisches Zentrum haben drei Epochen geprägt: Mittelalter, Barock und Historismus. Das ist aber noch lange nicht alles. Was Wien so einzigartig macht, sind neben fulminanten Bauten und rosenduftenden Parks die reichen Sammlungen, die kunstsinnige Herrscher über die Jahrhunderte zusammengetragen haben und die in den Museen zu bestaunen sind.

Die Welthauptstadt der Musik

Ein altes Bonmot sagt, in Wien werden die Türen mit Notenschlüsseln aufgesperrt. In keiner anderen Stadt haben so viele Musiker gelebt und gewirkt wie in Wien. Der Bogen reicht von der Walzer-Dynastie Strauss und

dem Liederfürsten Schubert über Haydn, Mozart und Beethoven bis zu Brahms, Mahler und Schönberg. Wien hat auch heute einen klingenden Namen. Die Staatsoper, die Philharmoniker, das Konzerthaus und der Musikverein sind Meilensteine der elitären Kunst. Aber auch für die junge Szene wird viel geboten. Vor allem beim Donauinselfest mit seinen 20 Bühnen.

Herrschte in Wien noch vor wenigen Jahrzehnten als Grundfarbe morbides Grau und als Lebensprinzip ständiges Granteln, so zeigt sich die Stadt heute lebendig und verjüngt. Sie wirkt geliftet und entschlackt, vor der ehrwürdigen Kulisse pulsiert dynamisches, fröhliches Leben. Die Fassaden imperialer Bauten wurden frisch herausgeputzt, und zahlreiche alte Geschäfte verwandelten sich – nicht immer zur Freude der alteingesessenen Wiener – in moderne Shopping-Tempel.

Das »Goldene Quartier«

Am stärksten ist die Veränderung im Bereich zwischen Tuchlauben, Bognergasse und Am Hof spürbar. Dort, in der Verlängerung des noblen Kohlmarkts, ist eines der exklusivsten Einkaufsviertel der Stadt entstanden, das »Goldene Quartier«. Flagship-Stores von Louis Vuitton, Emporio Armani, Miu Miu, Prada und Saint Laurent versprechen luxuriöses Einkaufsvergnügen in historischem Ambiente.

Dass Wien die schönste Stadt der Welt ist, wissen die Wiener selbst ebenso wie die zunehmende Zahl ihrer Besucher. Dass sie aber auch die lebenswerteste Stadt der Welt ist, bestätigte ein renommiertes Beratungsunternehmen mit Sitz in New York. Es verglich 231 Großstädte miteinander, und die Kriterien waren streng. Aber oho: Die Top-Platzierung errang Wien. Zehnmal in Folge. Wien ist eben spitze.

DER STEPHANSDOM

Das absolute Zentrum der Stadt ist der Stephansdom, der »Steffl«. Das Meisterwerk der Wiener Gotik ist stolze 108 Meter lang, die Spitze des Südturms ragt 137 Meter in den Himmel. Für seinen Bau wurden 20 000 Kubikmeter Sandstein verwendet und – darauf schwören die Wiener – der saure Wein der Missernte des Jahres 1444. Während der Türkenbelagerungen bekam der Dom nur geringfügige Schrammen ab. Schwer beschädigt wurde er erst im Zweiten Weltkrieg, als er in Brand geriet. Der Architekt Adolf Loos, bekanntlich kein Freund von Dekoration, bezeichnete das Innere als »weihevollsten Kirchenraum der Welt«. Er hatte recht: Das hohe Netzrippengewölbe und die schummrige Düsternis verströmen eine tief spirituelle Atmosphäre. Zu den Höhepunkten zählen in dem dreischiffigen Langhaus die Kanzel mit »Fenstergucker« Anton Pilgram, der Wiener Neustädter Altar in der linken und das Hochgrab Friedrichs III. in der rechten Seitenkapelle.

WEITERE INFORMATIONEN

www.stephanskirche.at
Stephansplatz 3

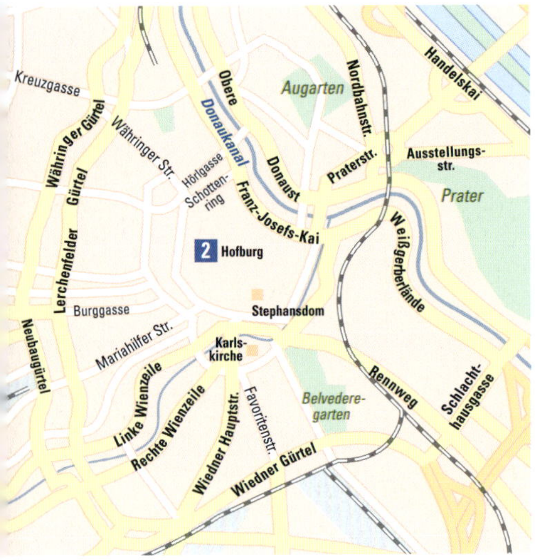

2 Imperialer Glanz – die Prunkbauten der alten Kaiserstadt

Wo die Habsburger logierten und regierten

Die Habsburger Kaiser prägten das Gesicht ihrer Haupt- und Residenzstadt über Jahrhunderte. So gut wie jede Generation hat mit Leidenschaft gebaut und die Stadt um neue prunkvolle Bauwerke bereichert. Der imperiale Glanz der alten Monarchie ist auch heute noch nicht verblasst. Im Gegenteil – er strahlt heller denn je. Im Herzen der Innenstadt ebenso wie in den kaiserlichen Residenzen weiter draußen.

Das »Labyrinth der Habsburger«, so wird die Hofburg im Herzen der Wiener Innenstadt gern genannt. Das hat damit zu tun, dass sie genau genommen ein Stückwerk von Trakten darstellt, die von den Habsburger Kaisern im Lauf von 600 Jahren nach und nach gebaut wurden.

Der Weg in die Hofburg führt vom Michaelerplatz durch die Michaelerkuppel. Sie wirkt zwar wie ein Paradebeispiel barocker Baukunst, entstand aber erst Ende des 19. Jahrhunderts unter Kaiser Franz Joseph. Die Treppe links führt in die Kaiserappartements, die Arbeits- und Privaträume von Kaiser Franz Joseph und Kaiserin Elisabeth. Dort zeigt das »Sisi Museum« anhand persönlicher Gegenstände die wahre Persönlichkeit der zum Mythos gewordenen Kaiserin. Im Speisesaal vermittelt die »Allerhöchste Hoftafel« einen Eindruck, wie das Kaiserhaus einst tafelte. Ein Highlight der Hofburg ist die Hoftafel- und Silberkammer mit kostbaren Exponaten wie Gläser, Geschirr, Fayencen und dem Prunkservice für 140 Personen.

Der Ehrenhofbrunnen vor dem Schloss Schönbrunn (unten). Das Reiterstandbild von Erzherzog Karl am Heldenplatz (rechts oben). Die Neue Burg, der Teil der Hofburg, der den Heldenplatz flankiert (rechts unten).

Die Kaiserstatue Karl VI. im Prunksaal der Nationalbibliothek (unten). Einer der zwölf Brunnen im Park von Schloss Belvedere (rechts oben).

Vom Inneren Burghof führt das wappenverzierte Schweizertor in den Schweizerhof, den ältesten Teil der Hofburg. Hier ist in der Schatzkammer eine einzigartige Sammlung kostbarster weltlicher und geistlicher Pretiosen zu besichtigen. Gleich nebenan, in der ursprünglich gotischen Burgkapelle, singen an Sonn- und Feiertagen die Wiener Sängerknaben morgens die Messe – die Sommermonate ausgenommen.

Josefsplatz und Nationalbibliothek

Auf dem Josefsplatz angekommen, empfiehlt es sich, stehen zu bleiben, ruhig durchzuatmen und den Platz auf sich wirken zu lassen: Er gilt als einer der schönsten der Welt. Die makellose Ausgewogenheit der barocken Fassaden hat aber auch innen einiges zu bieten. An der Südostseite des Platzes führt ein unauffälliges Tor in die Augustinerkirche. In dieser Kirche fanden viele Hochzeiten der Habsburger statt, und dort werden auch ihre Herzen aufbewahrt. Die Längsfront des Platzes bildet der Prunksaal der Nationalbibliothek. Hier lohnt sich ein Besuch auf jeden Fall, denn dieser Saal wird oft als »schönster Bibliotheksraum der Welt« bezeichnet.

Morbider Prunk: die Kapuzinergruft

Die letzte Ruhestätte der Habsburger, das ist morbider Prunk vom Feinsten. Kaiser Ferdinand III. bestimmte die Kapuzinergruft im 17. Jahrhundert zur offiziellen Bestattungsstätte des Kaiserhauses. Jetzt ruhen dort 146 Verstorbene in 138 Metallsärgen – mit der Ausnahme einer Hofdame Maria Theresias, der »Fuchsin«, alles Angehörige des Herrscherhauses. Das Zentrum der Gruft bildet der üppig mit lebensgroßen Figuren verzierte Doppelsarkophag von Maria Theresia und ihrem Gatten Franz Stephan von Lothringen. Der Reformkaiser Joseph II. ruht naturgemäß schlichter in einem einfachen Kupfersarg. Auch Kaiser Franz Joseph hat in der Kapuzinergruft seine letzte Ruhestätte gefunden, zusammen mit Kaiserin »Sisi«, seinem in Mexiko ermordeten Bruder Maximilian und Kronprinz Rudolf. Seit 1989 liegt auch Österreichs letzte Kaiserin in der Kapuzinergruft: Zita.

Barockes Gesamtkunstwerk Schönbrunn

Wer auf der Gloriette steht, der kann den Reiz nachvollziehen, der von diesem Ort schon vor Hunderten Jahren ausgegangen sein muss. Kaiser Maximilian II. war der Erste, der sich in diesen Landstrich verliebte. Er errichtete darauf ein Jagdschloss mit Garten. In den Jahren 1692/93 legte Hofarchitekt Johann Bernhard Fischer von Erlach seinen legendären ersten Entwurf für einen Neubau vor, eine Art Über-Versaille. Für dieses Monsterprojekt fehlten jedoch das Geld und auch der nötige Größenwahn. Stattdessen wurde 1695 der zweite, bescheidenere Entwurf realisiert.

Ein halbes Jahrhundert später ordnete Kaiserin Maria Theresia die Erweiterung des Schlosses an. Es geriet zu einem großen, barocken Gesamtkunstwerk. Pompöser Höhepunkt ist die Große Galerie, der prachtvolle Rokokofestsaal. Kaiser Franz II. machte den 1441 Räume umfassenden Komplex zur »dauernden Residenz der österreichischen Kaiser«. 1997 wurde Schönbrunn UNESCO-Weltkulturerbe, es zählt mit mehr als fünf Millionen Besuchern pro Jahr zu den Top-Sehenswürdigkeiten. Das Schloss und die kaum veränderten barocken Gartenanlagen sind aber nicht die einzigen Attraktionen. Bereits um das Jahr 1570 existierte auf diesem Gelände ein Wildpark. Aus dem ältesten Zoo der Welt ist inzwischen ein nach modernsten Gesichtspunkten geführter Tiergarten geworden.

Belvedere und Schloss Hof

Prinz Eugen war zwar kein Mitglied des Kaiserhauses, der berühmte Feldherr, der die Türken bezwungen und auf unzähligen Schlachtfeldern in halb Europa gekämpft hatte, galt aber zu seiner Zeit als der mächtigste – und wohl auch reichste – Mann des Staates. Lorbeeren verdiente er sich nicht nur im Feld, als Staatsmann und Diplomat, sondern auch als Kunstmäzen, Philosoph, Sammler und Bauherr. Nach seinen ersten Siegen über die Türken zu Geld gekommen, ließ er sich das Winterpalais in der Himmelpfortgasse errichten, es folgten das Untere Belvedere mit seinem »Pomeranzenhaus« und später der von Lucas von Hildebrand zu Repräsentationszwecken errichtete Gartenpalast, der seit der Zeit Maria Theresias Oberes Belvedere genannt wird. Ganz im Sinn des kunstsinnigen Erbauers beherbergen seine Bauwerke heute hochinteressante Kunstsammlungen. Müde von unzähligen, in halb Europa geführten Feldzügen und von seinen hohen Ämtern, sehnte sich Prinz Eugen nach einem Ort, an den er sich zurückziehen und von dem aus er ausgedehnte Jagdausflüge unternehmen konnte. Und der, ganz nebenbei, von seinen Ruhmestaten kündete: ein »Retrait« auf dem Lande, einen Landsitz. Er ließ sich im Marchfeld die beiden Schlösser Obersiebenbrunn und Niederweiden ausbauen und dann Schloss Hof. Gerade Letzteres geriet zu einem eleganten Jagd- und Festschloss. Als Sensation galt der auf sieben künstlichen Terrassen angelegte Barockgarten.

Nach Prinz Eugens Tod erwarb Maria Theresia Schloss Hof und stockte es auf. Später wurde die gesamte Anlage, einst grandioser Spiegel von Ruhm und Macht, einfach vergessen. Seit einigen Jahren aber erstrahlt das Marchfelder Fest- und Jagdschloss in neuem Glanz. Es wurde mit enormem Aufwand renoviert, und auch der Garten ist aus langem Dämmerschlaf erwacht. Geschaffen für Sinnesfreuden, breitet er sich vor den Augen der Besucher auch heute wieder verschwenderisch als lebender Teppich aus. Auf jeden Fall einen Besuch wert!

SPANISCHE HOFREITSCHULE

Die »Herren Lipizzaner« logieren in der Stallburg, die Kaiser Ferdinand I. im 16. Jahrhundert für seinen aus Spanien zurückkehrenden Sohn Maximilian errichten ließ. Vormittags schreiten sie in der Winterreitschule, dem schönsten Reitsaal der Welt, vor Publikum zur »Morgenarbeit«. Diese beginnt um 10 Uhr damit, dass die Bereiter dem Bildnis Kaiser Karls VI. in der Hofloge ihre Reverenz erweisen, denn er hat Joseph Emanuel Fischer von Erlach 1729 mit dem Bau dieses würdigen Rahmens beauftragte. Es folgen »Gänge und Touren der Hohen Schule«, dann die »Arbeit am langen Zügel« und die Schulquadrille. Dass die Pferde »zur Musik hupfen«, wird angesichts der tänzerisch wirkenden »Übungen über der Erde« oft angenommen. Tatsächlich funktioniert es umgekehrt. Die Musik wird den Bewegungen der Pferde angepasst.

WEITERE INFORMATIONEN

www.srs.at
Michaelerplatz 1

Das Burgtheater, der erste Ringstraßenbau mit elektrischem Licht (oben). Eines der beliebtesten Fotomotive der Stadt: der goldene »Strauß Schani« im Stadtpark (rechts).

3 Pracht der Jahrhundertwende – die Ringstraße

Ein spektakuläres Bauwerk reiht sich an das andere

Sechs Kilometer lang, 60 Meter breit und flankiert von herrlichen Monumentalbauten, Wohnpalais und Parks: Die Ringstraße präsentiert sich als großzügiger Prachtboulevard. Mit ihr begann Mitte des 19. Jahrhunderts Wiens Ära als glanzvolle Metropole. Dass diese bald enden würde, konnte damals niemand ahnen. Ebenso wenig, dass die Schönheit des Boulevards alle Wechselfälle der Geschichte überdauern könnte.

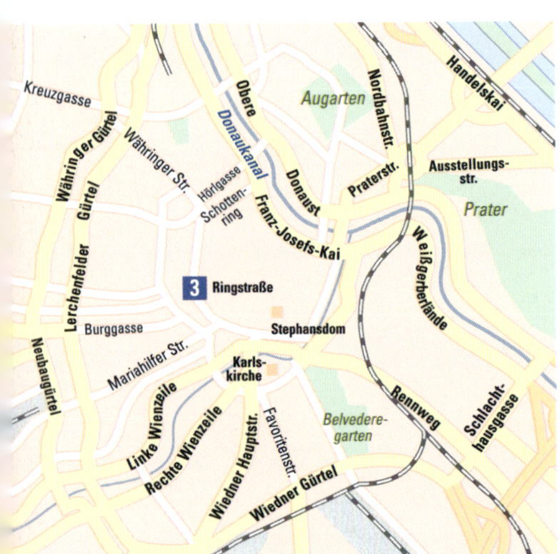

Jahrzehntelang war darüber diskutiert worden, was mit den veralteten Stadtbefestigungen geschehen sollte, die das Herz der Innenstadt einschnürten wie ein zu enges Mieder. Kaiser Franz Joseph sprach 1857 ein Machtwort. Er gab den Startschuss zur Demolierung der obsolet gewordenen Fortifikationen und zur Großstadterweiterung.

Ab diesem Zeitpunkt erlebte Wien mit dem Historismus eine einzigartige Kunstblüte. Die Ringstraße wurde zum Ort der fulminanten Selbstdarstellung einer ganzen Epoche. Sie veränderte mit ihren 150 öffentlichen Bauwerken, ihren Parks und 650 noblen Häusern für die zu Reichtum gekommene Industrie- und Börsengesellschaft das Gesicht der Stadt ein für alle Mal.

Der Glanz einer Epoche

Wer die Ringstraße im Uhrzeigersinn erkundet, beginnt am Donaukanal bei der Urania. Sie wurde 1909 nach Plänen des Architekten Max Fabiani (1865–1962) gebaut und erfüllt jetzt, nach ihrer umfangreichen Renovierung, ihre Aufgabe als Sternwarte und Kommunikationszentrum mit Kino- und Vortragssälen und einem hübsch über dem Donaukanal liegenden Café.

Als nächstes spektakuläres Bauwerk steht gegenüber von dem mächtigen neobarocken Regierungsgebäude, in dem heute Ministerien untergebracht sind, etwas zurückversetzt das von Otto Wagner (1841–1918) bis 1906 errichtete Postsparkassenamt. Weil die Fassade aus Marmorplatten besteht, die mit Aluminiumbolzen vernietet sind, hatten die findigen Wiener bald einen Spitznamen parat: »vernagelte Geldkistn«. Ungeachtet dessen ist das Postsparkassenamt mit seinen schlichten, eleganten Formen ein richtungweisender Bau und eines der interessantesten Gebäude der Stadt.
Das nächste interessante Gebäude ist die 1875 bis 1877 von Heinrich von Ferstel (1828–1883) im Stil der italienischen Renaissance errichtete Hochschule für angewandte Kunst samt Museum. Dieser streng gegliederte Rohziegelbau ist mit Sgraffitomalereien und Majolikamedaillons reich verziert. Von hier aus verläuft die Wollzeile in Richtung Stephansplatz, sie ist eine der ältesten Straßen der Stadt. Und der »Steffl«, der Stephansdom, das Wahrzeichen der Stadt, grüßt herüber.
Auf die Hochschule für angewandte Kunst samt Museum folgt der Stadtpark mit dem Johann-Strauss-Denkmal. Wo sich die Ringstraße in einer langen Kurve wendet, errichtete der Herzog von Württemberg, der den freien Blick zur Karlskirche schätzte, ein großes Palais. Kaum war es fertig, entstand dahinter das Künstlerhaus – und aus war es mit dem schönen Blick. Der Herzog zog weg, und sein Palais wurde zum legendären Hotel Imperial.
Beim Hotel Imperial beginnt der Kärntner Ring. Er wurde schon bald nach seiner Eröffnung zur Flaniermeile für die elegante Gesellschaft Wiens. Hier unternahm sogar der Kaiser einige seiner raren Spaziergänge. Heute dienen eher die zwischen dem Hotel Bristol und dem Grand Hotel liegenden Ringstraßengalerien dem Flanieren.

Die Staatsoper, ein Desaster

Das nächste markante Gebäude ist die Staatsoper. Als k.u.k. Hofoperntheater entstand es als Erster der Ringstraßenbauten. Mit seiner Errichtung wurden die beiden Architekten Eduard van der Nüll (1812–1868) und August Sicard von Sicardsburg (1813–1868) betraut. Das Ergebnis, ein romantisch-historisierender Monumentalbau mit Loggia und riesigem metallenem Tonnendach, geriet für beide zum Desaster. Noch vor seiner Eröffnung ätzte die Kritik, es sehe einem Bahnhof zum Verwechseln ähnlich. Das traf van der Nüll so schwer, dass er sich das Leben nahm. Und von Sicardsburg starb wenig später an gebrochenem Herzen.
Auf den Burggarten mit Mozart und Palmenhaus folgen die Neue Hofburg, das äußere Burgtor und der Heldenplatz. Gegenüber liegen die pompösen Zwillingsbauten, das Kunsthistorische und das Naturhistorische Museum.

Antike Pracht: das »Hohe Haus«

Das Parlament, in dem nach der Generalrenovierung National- und Bundesrat wieder tagen werden, gilt als das schönste Bauwerk des Rings. An der Front des in Form eines griechischen Tempels errichteten Atriumbaus schwingt sich eine gewaltige Rampe vorbei an den pompösen Bronzeskulpturen der »Rossebändiger«, dem Symbol für gezügelte Leidenschaften, zu den Repräsentationsräumen im ersten Stock. Die Attiken tragen Dutzende von Marmorfiguren und Reliefs, und an den Eckpunkten

Die Staatsoper, einst von den Wienern geschmäht, weil sie angeblich einem Bahnhof zum Verwechseln ähnlich sieht (unten). Das Parlament, bewacht von Pallas Athene, der Göttin der Weisheit (rechts oben).

HELDENPLATZ

Der Heldenplatz ist einer der geschichtsträchtigsten Orte Wiens. Mit seinen beiden bronzenen Reiterstandbildern von Erzherzog Carl, dem Sieger über Napoleon im Jahr 1809 in der Schlacht von Aspern, und Prinz Eugen von Savoyen, dem legendären »Türkenbezwinger«, wirkt er großzügig und hoch elegant. Und doch hat gerade dieser Platz Österreich schon viel aufzulösen gegeben. 1938 verkündete Adolf Hitler vom Balkon über dem Haupteingang der »Neuen Burg« den »Anschluss« an das Deutsche Reich. Tausende jubelten – und später wollte niemand dabei gewesen sein.

des pompösen Baus stürmen gewaltige Viergespanne, die Quadrigen, himmelwärts. Insgesamt wirkt der Bau wie ein Traum von griechischer Architektur. Und das nicht nur, weil der Architekt Theophil Hansen (1813–1891) lange in Athen tätig war, sondern auch, weil gerade dieses Gebäude symbolisch auf Griechenland hinweisen sollte, in dem die Demokratie entstanden ist.

Kühle Sachlichkeit: das Rathaus

Ganz anders präsentiert sich das nahe Rathaus, es wirkt kühl und sachlich. Seine Errichtung war keine Selbstverständlichkeit. Die Genehmigung dafür konnten die Liberalen unter Bürgermeister Kajetan Felderer dem Kaiser erst 1870 abringen. Schon zwei Jahre später wurde dann aber mit dem Bau nach Plänen von Friedrich von Schmidt (1825–1891) begonnen. 1883 war das im neugotischen Stil errichtete Rathaus fertig. In dem riesigen, mit einem 78 Meter hohen, vom Rathausmann bewachten Turm, mit Loggien, Spitzbogenfenstern und Balkonen geschmückten Bau, residieren auch heute noch der Bürgermeister und die Stadtverwaltung, es ist das administrative Herz der Stadt.
Schräg gegenüber, im Volksgarten, wacht Franz Grillparzer über ein Meer von duftenden Rosen.

Das an den Park anschließende Burgtheater entstand 1874 bis 1888 ebenfalls nach Plänen von Gottfried Semper (1803–1879) und Carl von Hasenauer (1833–1894). Das »Kaiserliche Hoftheater«, wie es damals hieß, war zwar einer der letzten großen Ringstraßenbauten, dafür war es aber das erste, das mit elektrischem Licht ausgestattet wurde. Ein Ort des Lichtes war es ohnehin von Anfang an. Das Theater, dessen Inneres auch heute noch imperialen Glanz verströmt, gilt mit seinem »Burgtheaterdeutsch« als eine der wichtigsten Sprechbühnen des deutschen Sprachraumes.
Die Universität schräg gegenüber vom Burgtheater entstand auf einem Platz, den die Armee als Paradeplatz nutzte. Mit dem Bau konnte 1870 erst begonnen werden, nachdem die den Platz geräumt hatte. Das Gebäude entstand nach Plänen von Heinrich Ferstel im Stil der Neorenaissance. Es beherbergt auch heute noch Fakultäten der Universität Wien.
Nach der Universität wendet sich die Ringstraße und wird zum Schottenring mit der Börse. Beim Donaukanal endet er mit einem atypischen Bauwerk, dem Ringturm. Schön ist er nicht, dafür aber stolz. Er verkündete Mitte der 1990er-Jahre: Seht nur, auch Wien besitzt schon ein Hochhaus!

WEITERE INFORMATIONEN

Am bequemsten lässt sich die Ringstraße in der »Ring Tram« erkunden. Sie umrundet den Ring in einer knappen halben Stunde. Zu den Sehenswürdigkeiten gibt es Informationen in acht Sprachen.

Die süßen Verführungen, die schon allein eine Reise nach Wien wert sind (oben). Eines der letzten schönen alten Kaffeehäuser: das Cafè Weimar in der Währinger Straße (rechts unten).

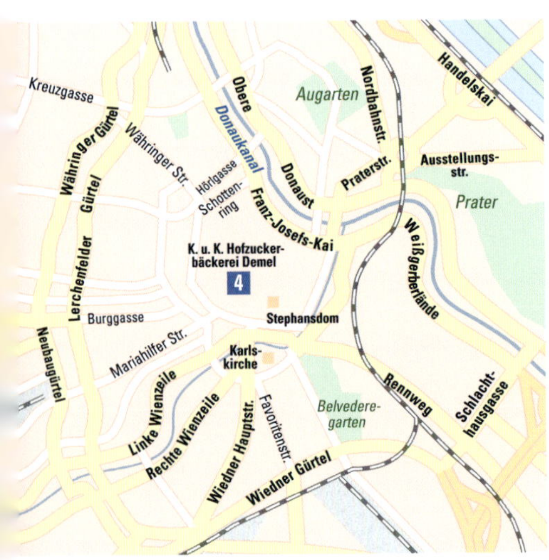

4 Himmlisch süß – Wien, das Paradies für Naschkatzen

Die Hofzuckerbäckerei Demel und andere Verführungen

Jede Torte ein Kunstwerk, Rokokosalons und Flair der Kaiserzeit: Die K.u.K. Hofzuckerbäckerei am Kohlmarkt ist jede (Diät-)Sünde wert. Aber sie ist nicht Wiens einziges Hideaway für Naschkatzen. Zu den traditionellen Tempeln des Süßen, in denen es verführerisch nach Schokolade und Kaffee duftet, gesellen sich zunehmend neue feine Kuchenläden und entzückende kleine Cafés im Retrolook.

In der K.u.K. Hofzuckerbäckerei Demel spricht das weibliche, von den Wienern liebevoll »Demelinerinnen« genannte Personal, das wie vor 200 Jahren die Tracht aus schlichtem Schwarz und etwas Weiß trägt, die Gäste prinzipiell im Majestätsplural an: »Haben schon gewählt?« Höflich und kühl distanziert rechnet es nicht mit einer prompten Antwort. Nur zu verständlich, denn wer kann schon schnell entscheiden, was er zu Kaffee oder hausgemachter heißer Schokolade nehmen soll. Die berühmte Annatorte, ein Märchen aus Schokoladenmasse mit Parisercreme, eingedeckt mit einer dekorativen Nougatwelle, Demels Sacher- oder Dobostorte, die unwiderstehliche Cremeschnitte oder doch den gezogenen Apfelstrudel?

Die Hofbäckerei Demel ist nicht nur ein Paradies für alle, die Süßes lieben. Sie entzückt auch Menschen mit Sinn für das Künstlerische. Das hat auch mit dem Schüler der Wiener Werkstätte zu tun, der den schönen altösterreichischen Namen Baron Federico von Berzeviczy-Pallavicini (1909–1989) trug und in die Traditionskonditorei einheiratete. Er prägte mit seinen verspielten, oft skurrilen Ideen das

optische Erscheinungsbild. Seine Entwürfe zieren auch heute noch die spektakulären, oft auf aktuelle Ereignisse Bezug nehmenden Auslagen und zahlreiche Verpackungen – wie die für Sisis heiß geliebte kandierte Veilchen, übrigens das ultimative Mitbringsel aus Wien.

Magische Orte

Konditoreien sind magische Orte. Betritt man sie, ist man sogleich von einer Atmosphäre sinnlicher Wärme und Lieblichkeit umfangen. In den Vitrinen stehen Reihen köstlicher kleiner Kunstwerke, alle zum Anbeißen süß. Und dann schmeckt der Indianer mit Schlag ein bisschen nach Kindheit, die Schwarzwälder Kirschtorte ein bisschen nach Sünde, und das feine Lächeln der Serviererin hat ein einen leichten Anflug des Verschwörerischen.

Das Angebot der Wiener Tempel des Süßen hielt sich jahrzehntelang im traditionellen Bereich. Es reichte von der Malakoff- oder der Topfentorte zu Gugelhupf und Strudel. Daran hat sich in den letzten Jahren einiges geändert. Viele Konditoren haben den Trend zum Feinen und Leichten mitgemacht. Und eine Reihe völlig neuer Kuchen-Cafés ist entstanden.

Französisches Flair an der Donau

Zu den klassischen Konditoreien wie die Kurkonditorei Oberlaa, die K.u.K. Hofzuckerbäckerei Heiner, Aida oder die Conditorei Sluka gesellen sich neue Kuchen-Cafés, die Torten, Cupcakes, Tartes, Törtchen oder Patisserie anbieten und dazu diverse Arten von Bio- und Fairtrade-Kaffee. Oft sind es Quereinsteiger aus der Kreativszene, die süße Kunstwerke schaffen, die fast zu schade zum Vernaschen sind. Und die einen Hauch französisches Flair an die Donau bringen.

Tart'a tata zum Beispiel oder Crème de la Crème verführen mit kunstvoll verzierten Tartes, Eclairs, Macrons, Mousses und Croissants. In dem hellblau-weiß gehaltenen Ambiente von Rori's Finest Sweets lassen sich Makronen, kleine Törtchen und Eclairs genießen, Viola verführt in ihrem hübschen kleinen Lokal mit sensationeller Patisserie und Zwetschkenkuchen, und auch bei Ella's Twins am Vorgartenmarkt gibt es eine Mischung aus traditioneller und moderner Patisserie und Chocolaterie. Wer einen Kuchen wie einst bei Oma möchte, ist in der Vollpension an der richtigen Adresse. Dort backen echte Omas.

DIE SACHER-TORTE

Um die wohl bekannteste Torte der Welt, die »Original Sacher-Torte«, entbrannte vor einigen Jahren ein heftiger Rechtsstreit. Sowohl das Hotel Sacher als auch die Hofzuckerbäckerei Demel, in der einst Eduard Sacher die Torte aus Sachermasse mit Marillenmarmelade und Schokoladenglasur vollendete, beanspruchten den Markennamen für sich. Jetzt gibt es in Wien zwei Varianten: die »Original Sacher-Torte« und »Demels Sachertorte«. Erstere weist zwei Marmeladenschichten auf, unterhalb der Kuvertüre und in der Mitte des Bodens, zweitere nur eine unterhalb der Kuvertüre. Für beide gilt: Sie sind eine himmlische Verführung.

WEITERE INFORMATIONEN

Zu verkosten und zu bestellen ist die Torte bei:

K. u. K. Hofzuckerbäckerei Demel
1010 Wien, Kohlmarkt 14
Tel: +43 1 5351717
www.demel.com

Hotel Sacher
1010 Wien, Philharmonikerstraße 4
Tel: +43 1 514 560
www.sacher.com

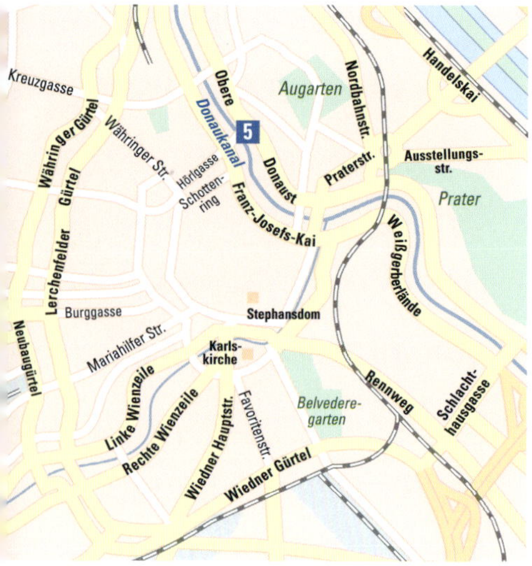

5 Jung und hipp – Szene-Hotspots noch und noch

Die Donaumetropole geliftet und entschlackt

Tristes Grau und gähnende Leere, das war früher. Jetzt pulsiert am Donaukanal buntes, schillerndes Leben. Graffitis ohne Ende, eine Lokalmeile mit internationaler Gastronomie, Stadtstrände und Beachbars: Der Donaukanal hat sich zu einem Hotspot der hippen, jungen Szene gemausert. Aber die gibt auch anderswo kräftige Lebenszeichen von sich – ganz schön erstaunlich für die gute alte Donaumetropole.

Wer hätte das gedacht: Aus dem trostlosen, grauen, oft übel riechenden Donaukanal, um den jeder vernünftige Wiener einen weiten Bogen machte, ist ein Szene-Hotspot geworden. Richtig bunt wurde es, als es vor einigen Jahren am Donaukanal die ersten Mauern für legale Grafittis gab und dort nach Herzenslust ungestraft gesprayt werden durfte. Das Ergebnis: expressive Grafittikultur, bunt und kreativ, Street-Art vom Feinsten.
Die Grafitti sind aber bei Weitem nicht alles, was der rund 17 Kilometer lange, ursprünglich im Zuge der Donauregulierung in den 1870er-Jahren errichtete Donaukanal zu bieten hat. In der Sonne liegen, aufs Wasser schauen, chillen, am Pool köstliche Cocktails schlürfen, ins kühle Nass abtauchen, die Nacht durchfeiern oder sich kulinarisch mit saftigen Burgern, erfrischenden Salaten, würzigen Currys oder einfach Schokoladenkuchen verwöhnen lassen, all das geht am Donaukanal. Den ganzen langen Sommer hindurch.

Spaß und Kulinarik am Wasser

Die Liste der beliebtesten Hotspots führt das »Badeschiff Wien« an, es bietet einen Pool an Deck, einen Club in der Kajüte und kulinarische Leckerbissen aus der Kombüse. Das »Motto am

Der Vergnügungspark »Wurstlprater« lockt mit über 250 Attraktionen für Groß und Klein (unten). Graffiti am Donaukanal (rechts oben).

Fluss«, optisch ein schnittiges Speedboot und zugleich Anlegestation für den Twin-City-Liner nach Bratislava, besticht durch sein hübsches, venezianisch angehauchtes Restaurant und sein Café mit Terrasse. Für Sonne, Sand und Urlaubsfeeling, gutes Essen und coole Drinks steht die Strandbar Herrmann bei der Urania, die mit ihren Cocktail-Happy-Hours, garantierter Urlaubsstimmung, sensationellem Public Viewing, guter elektronische Musik – oft legen berühmte DJs auf – und gemütlichen Liegestühlen fast schon ein Klassiker ist.
In der Summerstage lässt sich ein lauer Abend gemütlich bei einem Glas Wein und internationaler Küche beschließen – den Blick aufs Wasser kann übrigens auch Regen nicht trüben, denn dafür gibt es den Glaspavillon. Die Grelle Forelle empfiehlt sich allen, die bei ein paar Cocktails den Sonnenuntergang genießen oder die einfach Party machen wollen. Feiern und durchtanzen lässt sich perfekt auch im guten alten Flex bei der U-Bahn-Station Schottenring, einem der ältesten Clubs der Stadt. Und danach geht es ins Klyo – dem Lokal mit seinem legendären Frühstück, das übrigens bis 22 Uhr serviert wird.

Hüben wie drüben

Auch auf der gegenüberliegenden Seite des Donaukanals hat sich einiges getan. Da erwartet die Besucher der Beachclub namens Blumenwiese. Ein Stück weiter bietet die Adria Wien eine große Auswahl an Bier und kleinen Speisen. Beim Tel Aviv Beach, dem kleinen Sandstrand, der sich rasch vom Geheimtipp zum Hotspot entwickelt hat, findet sich ein hippes Publikum zu israelischer Küche, Cocktails und DJ-Musik ein. Gleich daneben befindet sich ein Jugendstil-Juwel: Im Gastgarten vom Otto Wagner Schützenhaus, einst als Teil einer Schleusen- und Wehranlage geplant, lassen sich Abendsonne und Wiener Küche perfekt genießen.
Dass die ehrwürdige Stadt an der Donau auch nachts hellwach ist, beweist sie nicht nur am Donaukanal. Die Post geht nach wie vor im Bermuda-Dreieck um die Ruprechtskirche ab, am Spittelberg, im Campus des alten AKH, an der »Copa Cagrana« auf der Donauinsel und im MuseumsQuartier MQ. Und das sind nur einige der vielen Treffpunkte. Mit einem Wort: In Wien ist was los!

FIT MACH MIT!

»Keep moving« ist die Devise an der Donau schon lange. Sport und Fitness sind gefragt wie nie zuvor, und Gelegenheit dazu gibt es in Hülle und Fülle. Die erste Adresse ist die Donauinsel mit ihrem 42 Kilometer langen Strand. Sie ist wie gemacht zum Schwimmen, Inline-Skaten und Skateboarden, für Beachvolleyball, Basketball, Fußball, Trampolinspringen und Radfahren. An der Alten Donau geht es gemütlicher zu. Dort sonnen sich Familien auf Liegewiesen, sitzen in Restaurants am Wasser oder unternehmen Bootspartien in Ruder-, Tret- und Elektrobooten. Zum Wandern oder einfach nur Spazierengehen bieten sich die Wege durch Wienerwald und Lainzer Tiergarten an. Jogger können sich im Prater und in Schönbrunn auspowern, und zum Ausreiten eignet sich der Prater bestens. Zu einem Mega-Event hat sich der City-Marathon entwickelt, an dem jedes Jahr über 40000 Läufer aus 125 Nationen teilnehmen.

Ein Ausstellungsraum im Leopold Museum (oben). Das von Hans Hollein konzipierte Flugdach, der Soravia Wing, markiert den Eingang der Albertina (rechts unten).

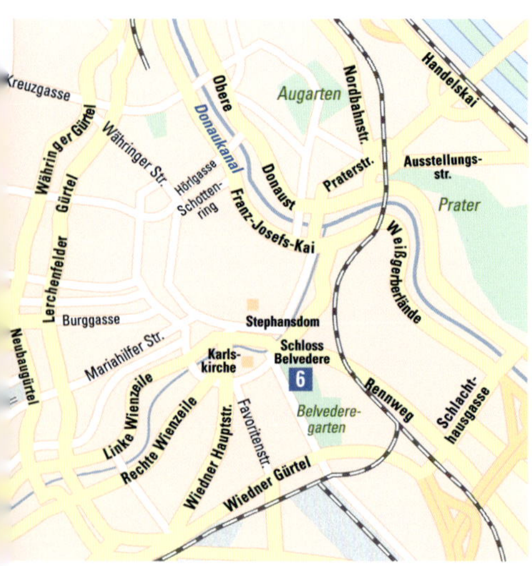

6 Erlesene Kunst – Museen, Museen, Museen

Der Bogen spannt sich von klassisch bis ultramodern

Karl Kraus, einst wegen seiner Bissigkeit der »Dobermann der österreichischen Literatur« genannt, hat es erkannt: »Die Straßen Wiens sind mit Kultur gepflastert, die anderer Städte mit Asphalt.« Kultur auf Schritt und Tritt, das ist schon lange das Markenzeichen der Metropole an der gar nicht so blauen Donau. Das trifft auch heute noch zu, und nicht nur das: Wien erlebt in puncto Kultur immer neue Höhenflüge.

Wien hat fast doppelt so viele Museen wie München, und es werden immer mehr. Zurzeit präsentieren an die 100 Museen ihre Sammlungen. Ganz kleine und ganz große. Aus allen Epochen, und viele entstaubt und internationalen Standards entsprechend umgebaut und adaptiert.

Für eine neue Dimension der Wiener Museumslandschaft sorgte 2001 die Eröffnung des MuseumsQuartiers, kurz MQ genannt. 60 000 Quadratmeter, ein Komplex aus barocker und moderner Architektur, kulturellen Einrichtungen, Restaurants, Cafés und Shops. Das Spektrum der Angebote reicht von großen Kunstmuseen wie dem Leopold Museum mit der weltgrößten Egon-Schiele-Sammlung und dem Museum moderner Kunst MUMOK über Ausstellungsräume wie die Kunsthalle Wien am Karlsplatz.

Die großen Klassiker

Vom MQ sind es nur ein paar Schritte zu den großen Klassikern, zum Kunsthistorischen und zum Naturhistorischen Museum. Das KHM ist dank seiner weltgrößten Bruegel-Sammlung und zahlreichen Spitzenwerken von Raffael, Velazquez, Rubens, Rembrandt, Dürer, Tizian und Tintoretto ein Museum von Weltrang. Das NHM gegenüber gehört mit seinen 30 Millionen Sammlungsobjekten zu

den größten und interessantesten Naturmuseen der Welt.
Ein Stück weiter, in der Hofburg, sind in der Schatzkammer prachtvolle Exponate wie gleich zwei Kaiserkronen oder die Kleinodien des Heiligen Römischen Reiches zu bestaunen. Im Österreichischen Museum für angewandte Kunst sind die Exponate des Wiener Jugendstils besonders interessant. Und das Belvedere zeigt in seinen beiden Schlössern österreichische Kunst vom Mittelalter bis zur Gegenwart. Herzstück der 420 Exponate ist die größte Klimt-Sammlung mit dem einzigartigen Gemälde *Der Kuss* sowie zahlreiche Hauptwerke von Egon Schiele und Oskar Kokoschka.
Die Albertina besitzt nicht nur eine der größten grafischen Sammlungen der Welt, sie präsentiert mit ihrer Schausammlung »Monet bis Picasso« auch Meisterwerke der Klassischen Moderne. Der jüngste Stern am Museumshimmel ist die Albertina modern, sie zeigt moderne Kunst im renovierten Prestigebau des Historismus, dem Künstlerhaus.

Wiens skurrile Museen

Die Beziehung der Wiener zum Tod war immer eng, Leichen als Studienobjekte waren aber lange tabu – bis Kaiser Joseph II. 1781 ein Militärhospital gründete, in dem auch Studien durchgeführt werden konnten: das spätere Allgemeine Krankenhaus. Heute umgeben Gartenhöfe die Gebäude, darunter den »Narrenturm«, einen fünf Etagen hohen Zylinder mit 139 Zellen, in denen bis 1860 Geisteskranke untergebracht waren. Dort befindet sich das Pathologische Museum mit 42 000 Präparaten. Die Möglichkeit für anatomische Studien bot auch das 1785 gegründete Josephinum mit seinen berühmten Wachsfiguren.
Neu gestaltet präsentiert sich das Sigmund-Freud-Museum, die Wohnung, in der die berühmte Couch des Begründers der Psychoanalyse stand. Ein wenig wesensverwandt ist Europas einziges Sexmuseum im Wurstelprater, für das der Experte Josef Schwingsmehl 300 Exponate aus der ganzen Welt zusammengetragen hat. Eine Besonderheit ist das Bestattungsmuseum mit seinen 600 Exponaten rund um den Totenkult: Trauer-Livreen, Schärpen und Accessoires der Totengräber sowie diverse Urnen-, Sarg- und Leichenwagenmodelle. Besonders kurios ist die Rettungsglocke, mit der Scheintote auf sich aufmerksam machen sollten.

FANTASTISCHE AUSBLICKE

»Über den Dächern Wiens« heißt eine Führung des Naturhistorischen Museums, die völlig neue Perspektiven eröffnet. Zuerst gibt es dreimal wöchentlich Einblicke in die überreichen Sammlungen und in die wissenschaftliche Arbeit des Hauses, und dann geht es hinauf aufs Dach. Von dort aus ergibt sich ein gigantischer Blick auf die komplette Stadt von der Ringstraße über die Hofburg bis zum Stephansdom. Einmal pro Monat lädt das NHM um 22 Uhr auch zu einem Streifzug durch das nächtliche Museum, »NHM Darkside«. Für leichte Gänsehaut sorgt dabei der Todesruf des Käuzchens.

WEITERE INFORMATIONEN

Naturhistorisches Museum
Burgring 7
1010 Wien
www.nhm-wien.ac.at

7 Entzückende Biedermeier-Idylle – Baden

Klassizismus zum Anfassen

Biedermeier-Charme, mondäner Casino- und Kurort und pulsierende Kleinstadt: Das vor den Toren der Großstadt Wien inmitten herrlicher Weingärten gelegene Baden hat es trotz zahlreicher Um- und Neubauten meisterhaft geschafft, den Bogen von gemütlicher k.u.k. Atmosphäre zu moderner wirtschaftlicher Dynamik zu spannen. Und das mit einem hohen Maß an Flair und Eleganz.

Im Rahmen des Festivals La Gacilly-Baden Photo wird auch der Teich im Doblhoffpark zur Galerie (unten). Wo einst der Pranger stand, ziert heute die Dreifaltigkeitssäule oder Pestsäule das Zentrum von Baden (rechts oben).

Baden ist eine der wenigen Städte Österreichs, in der Alltagshektik kaum einen Stellenwert hat. Umso stärker ist die gediegene, elegante Atmosphäre des k.u.k. Österreich präsent. Wer durch den Kurpark oder den nach Rosen duftenden Doblhoffpark spaziert, die vielen schönen Villen bewundert, das Stadttheater oder die Sommerarena besucht oder zum Trabrennen geht, spürt das ganz deutlich. Plötzlich sind Assoziationen zu hohen Beamten und Offizieren da, zu Schnitzlers *Das Weite Land* oder zu Kaiser Franz II./I., der von 1813 bis 1834 mit seiner Familie fast jeden Sommer in der Kurstadt residierte.

Außer den Angehörigen des Kaiserhauses, die bis 1919 in der Weilburg einen Familiensitz unterhielten, schätzten auch berühmte Gäste wie Schubert und Nestroy, Raimund und Grillparzer den liebenswerten Kurort, und Musikgenies profitierten von der inspirierenden Atmosphäre. Beethoven vollendete in Baden seine *Neunte Symphonie*, und Mozart verfasste hier seine Motette in D-Dur *Ave verum corpus*, die in der Stadtpfarrkirche uraufgeführt wurde.

Architektur, Kur und Kultur

Dass Baden über ein so einzigartiges Biedermeier-Ensemble verfügt, verdankt es einer

Katastrophe. Im Jahr 1812 vernichtete eine Feuersbrunst so gut wie die ganze Bausubstanz. Das erforderte den Neubau der Innenstadt, und der erfolgte in lupenreinem Klassizismus. Einer der Architekten, der die Stadt am stärksten prägte, war Josef Kornhäusel (1782–1860). Das Rathaus, das Florastöckel in der Frauengasse, der Metternichhof und das Theresienschlössl gehen auf sein Konto.
Heute präsentiert sich die elegante Stadt als Kombinationssieger. Das auf den ersten Blick so ruhig und beschaulich wirkende Baden hat sich als moderne Schul- und Einkaufsstadt mit kräftiger wirtschaftlicher Dynamik etabliert. Ein Publikumsmagnet ist das Casino, übrigens das größte Europas. Für Erholung und Linderung von Beschwerden sorgen die Thermalbäder, allen voran die nach modernsten Kriterien gestaltete Römertherme, in der eine Plexiglaskuppel den Spalt überdacht, aus dem das warme Schwefelwasser zutage tritt. Die Heilkraft dieses Wassers wussten schon die Römer zu schätzen. Und alle, die nach ihnen kamen, ebenso. Kein Wunder daher, dass Begriffe wie Sommerfrische, Kurkonzert und Kurschatten allgegenwärtig sind.

Was Baden neben allen anderen Annehmlichkeiten so interessant macht, ist sein breit gefächertes Kulturangebot, eine gute Mischung aus Tradition und Moderne. Liebhaber der leichten Muse erfreut die Stadt, in der Max Reinhardt und Katharina Schratt geboren wurden, mit Operette, Musical, Oper und Schauspiel in Stadttheater und Sommerarena. Zeitgenössische Kunst zeigt das Arnulf Rainer Museum im ehemaligen Frauenbad.

Foto-Festival von Weltformat

Höchst spektakulär mutiert die Stadt seit 2018 im Sommer für vier Monate zur größten Open-Air-Galerie Europas. Im Rahmen des Festival La Gacilly-Baden Photo zeigen die besten Fotografen der Welt zum Thema »Der Mensch und die Beziehung zu seiner Umwelt« berührende, aufrüttelnde und mahnende Geschichten, aber auch wie schön der Planet Erde sein kann. Aufgeteilt in eine Garten- und eine Stadt-Runde erstreckt sich das von Lois Lammerhuber initiierte Festival über eine Länge von sieben Kilometern. Zu sehen sind rund 2000 Fotografien, manche davon bis zu 280 Quadratmeter groß.

BURG LIECHTENSTEIN

Auf einem Felsrücken am Rand des südlichen Wienerwaldes erhebt sich die stolze Burg Liechtenstein. An der Schmalseite von ihrem hoch aufragenden Turm bewacht, zieht sie sich lang gestreckt und seitlich von Zinnen gekrönten Mauern umgeben als Gipfelburg den Felsrücken entlang: ein pittoreskes Wahrzeichen der Region Wienerwald. Das Märchenschloss wie aus dem Bilderbuch wurde von Fürst Johann I. Josef von Liechtenstein und seinem Sohn im Geist des Historismus auf den Mauern ihrer Stammburg wiederaufgebaut.

WEITERE INFORMATIONEN

www.burgliechtenstein.eu
2344 Maria Enzersdorf, Am Hausberg 2
Öffnungszeiten: März–Oktober sowie 3. November–19. Dezember 10 bis 16 Uhr.
Der Zugang zur Burg ist nur im Rahmen von Führungen möglich.

Die Gloriette, der architektonische Abschluss des Schönbrunner Schlossparks

AVGVSTA

In Rust gibt es kaum ein Haus ohne Storchennest am Rauchfang (oben). Liebliche Weingärten und Obstbäume prägen die Landschaft um den Neusiedlersee (rechts unten).

8 Liebenswertes Storchennest – Rust am Neusiedlersee

Kleine Stadt in einem Kosmos voller Wunder

Das leise Rascheln des Windes im Schilf, die kleinen Wellen, die an Holzstege schlagen, das faszinierende Konzert der Vogelstimmen: Der länderübergreifende Neusiedlersee ist eine Welt für sich. Ein eigener kleiner Kosmos voller Wunder. Wie Perlen an einer Schnur reihen sich rund um den See malerische, von Weinbau und Tourismus geprägte Orte aneinander. Rust ist darunter einer der reizvollsten.

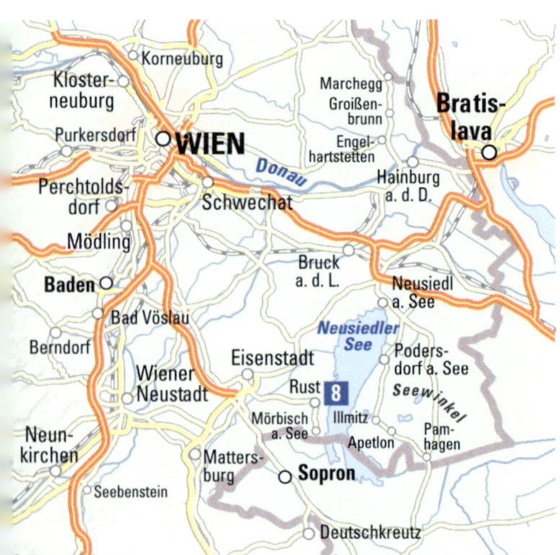

Der Neusiedlersee ist der westlichste Steppensee Europas und – trotz seines in Ungarn liegenden relativ geringfügigen Anteils – der größte See Österreichs. Aber er ist auch der größte Spinner. Im Sommer kann sich die pitschwarme »Badewanne der Wiener«, die im Durchschnitt gerade einmal einen Meter tief ist, blitzschnell in ein gefährliches Ungeheuer mit meterhohen Wellen verwandeln. Aber das ist noch lange nicht alles. Wenn er Lust dazu hat, dann verschwindet der Neusiedlersee einfach. Wie um das Jahr 1865. Damals wurde auf seinem Boden Weizen angebaut, und 1873 plante man ernsthaft, ihn völlig trockenzulegen. Noch 1918 wetterte Fürst Nikolaus Esterházy: »Als See hat der Neusiedlersee keine Bedeutung mehr ... sein gegenwärtiger, unmöglicher Zustand kann nicht weiter geduldet werden.« Das hat offenbar gewirkt, denn seither benimmt er sich wieder. Aber nur, wenn es ihm gefällt. Im Sommer 2020 hatte er schon wieder erschreckend wenig Wasser.

Mildes Klima, edle Tropfen

Über der Landschaft, den Menschen und der Kultur des Neusiedlersees liegt ein Hauch des

Pannonischen. Das Klima ist mit 300 Sonnentagen im Jahr mild, und das lässt die Weinstöcke, die sich in knorrigen Reihen die sanften Anhöhen rundum hochziehen, gut gedeihen. Die Region zählt zu den besten Weinbaugebieten des Landes. In den alten Kellergassen der Orte wie Neusiedl, Breitenbrunn, Donnerskirchen, Oggau oder Mörbisch lagern edle Tropfen. Die Landschaft zeigt sich als einzigartiges Mosaik aus Weingärten, bunten Feldern und breitem Schilfgürtel, dem Lebensraum für die seltensten Vögel. In den dichten Schilfrohrwäldern nisten Reiher, Löffler, Rallen, Rohrsänger, Bart- und Beutelmeisen. Eine Urlaubsaktivität mit steigender Beliebtheit ist die Umrundung des Sees per Fahrrad. In den letzten Jahren entdecken auf diese Art immer mehr Besucher aus dem In- und Ausland die wildromantische, nahezu exotische Schönheit des artenreichsten Vogelparadieses Europas, den faszinierenden Nationalpark Neusiedlersee-Seewinkel, der auf der ungarischen Seite Fertö-Hanság Nemzeti Park heißt.

Stadt der Störche

Von den Orten rund um den See hat jeder seinen ganz besonderen Reiz. Mörbisch besticht durch seine Seefestspiele auf der größten Open-Air-Operettenbühne der Welt, Neusiedl hat sich zu einem Urlauber- und Segler-Hotspot entwickelt, und in Illmitz treffen sich Wein- und Kulinarikfreunde.
Rust ist etwas für Romantiker. In der gesamten Altstadt reihen sich Bürgerhäuser aus dem 16. bis 19. Jahrhundert aneinander, die Barock- und Renaissance-Fassaden mit Erkern, Wappen- und Stuckdekorationen sind liebevoll gepflegt. Das hat Rust zu einer Modellstadt der Denkmalpflege gemacht. Charakteristische Rundbogenportale führen in idyllische, blumengeschmückte Innenhöfe mit Arkaden und gedeckten Stiegenaufgängen, und oft laden von üppigem Blattwerk umrankte Tische zum Verkosten von Wein und pannonischen Köstlichkeiten ein.
Auf unzähligen Rauchfängen von Rusts Altstadt nisten Störche. So viele, dass sie die größte Storchenkolonie des Landes bilden – und zum heimlichen Wappentier der Stadt wurden. Ein eigener Verein bemüht sich um den Erhalt und die Schaffung von Futterplätzen sowie die Horstpflege. Das macht Rust zur Stadt der Störche. Die Stadt des Weines ist es überdies. Der traditionsreiche, ursprüngliche Weinbau ist die wirtschaftliche Basis zahlreicher Winzerfamilien. Da heißt es einfach: Anstoßen!

SCHLOSS ESTERHÁZY

Das pompöse Schloss Esterházy in Eisenstadt ist auf jeden Fall einen Abstecher wert. Im 17. Jahrhundert zu einem Barockschloss ausgebaut, erhielt es seine heutige Form Ende des 18. Jahrhunderts. Das pompöse Schloss war und ist ein Ort der Kunst und der Begegnung. In seinem prunkvollen Festsaal, dem Haydnsaal, konzertierte Joseph Haydn oft vor der fürstlichen Familie. Ein Erlebnis ist auch der Park. Er zählte schon vor 200 Jahren zu den bedeutendsten Landschaftsgärten der Donaumonarchie. Seine malerische Hanglage, seine wunderschönen Ausblicke, seine technischen Neuerungen und die exquisite Auswahl seiner Gewächse wurden weithin gerühmt. Besuchern präsentiert er sich auch heute als reizvolle Mischung aus gepflegtem englischem Landschaftsgarten, grüner Wildnis mit seltenen Gehölzen und gartenarchitektonischen Sehenswürdigkeiten. Glanzstück der gesamten Parkanlage ist der Leopoldinentempel.

WEITERE INFORMATIONEN

www.esterhazy.at

9 Prachtvoller Escorial an der Donau – Stift Klosterneuburg

Kostbare Schätze hinter Klostermauern

Die gigantische grüne Kuppel und die beiden gotischen Türme, die schlank und spitz in den Himmel ragen, charakterisieren das mächtige Augustiner-Chorherrenstift Klosterneuburg, das wegen seiner monumentalen Ausmaße oft als der österreichische Escorial bezeichnet wird. Weltberühmt ist es aber wegen seiner einzigartigen Kunstschätze – und, nicht zuletzt, wegen seiner vielfach ausgezeichneten Weine.

So groß und mächtig das Stift Klosterneuburg heute am Ufer der Donau über dem gleichnamigen Ort thront, so zart und durchsichtig war der Gegenstand, der seine Existenz begründete. Das besagt zumindest die Legende, die sich um seinen Ursprung rankt. Ihr zufolge sollen der Babenberger Markgraf Leopold und seine ihm kurz zuvor angetraute Gemahlin Agnes im Jahr 1106 am Kahlenberg den Himmel angefleht haben, ihnen einen geeigneten Ort zur Gründung einer Kirche und eines Klosters zu weisen. Und siehe da – ein Windstoß erfasste den Schleier der Agnes und trug ihn fort. Erst Jahre später entdeckte der Markgraf während einer Jagd in den Donauauen den Schleier, der übrigens bis heute im Kloster aufbewahrt wird, an einem Holunderbusch – unversehrt von Wind und Wetter, Regen und Schnee. Voll Freude brachte er ihn seiner Gemahlin, und diese rief aus: »Geliebter Ehegemahl, dies ist der Ort, von welchem Gott will, dass er ihm geweiht werde.«

Das imposante Stift Klosterneuburg, seit dem 15. Jahrhundert Landesheiligtum (unten). Markgraf Leopold III. der Heilige, umgeben von seinen Stiftungen, Rundbild im Babenberger-Stammbaum im Stift Klosterneuburg (rechts oben).

Das Stift wird Landesheiligtum

Markgraf Leopold III. fügte sich dem himmlischen Fingerzeig, legte am 12. Juni 1114 den Grundstein für das Stift und verlegte seine Residenz nach Klosterneuburg. Mit seiner Heiligsprechung 1485 stieg es zum Landesheiligtum auf und wurde später zum Aufbewahrungsort der Landeskrone Österreichs. Diese »heilige Krone Österreichs« ist heute neben anderen Attraktionen wie dem Schleier der Agnes Prunkstück der Schatzkammer.

Um 1730 begann Kaiser Karl VI., der Vater Maria Theresias, mit einem groß angelegten Neubau. Sein Plan war, das Kloster gemeinsam mit einem Kaiserpalast zu einer gigantischen barocken Anlage zu verschmelzen, ähnlich dem Escorial bei Madrid. Als der Kaiser zehn Jahre später starb, war erst ein Viertel dieses ehrgeizigen Planes umgesetzt. Dabei blieb es auch, allerdings stellt auch der bis dahin realisierte Residenztrakt eine großartige Barockanlage dar.

Wer im Rahmen einer Führung im Kaisertrakt, in dem Karl VI. übrigens nur eine einzige Nacht verbrachte, von der Sala Terrena die Kaiserstiege hinaufsteigt, bekommt einen Eindruck von Pracht und Reichtum. Dieser verstärkt sich im zweiten Stock in den zwölf Sälen des Stiftsmuseums, in denen ein Querschnitt durch die kostbaren Sammlungen des Stiftes gezeigt wird. Höhepunkte sind der Babenberger Stammbaum, ein acht Meter breites Triptychon, die Tafelbilder von Rueland Frueauf dem Jüngeren, darunter vier Tafeln mit Szenen der Schleierlegende, und Renaissance-Bronzen.

Absolutes Prunkstück: der Verduner Altar

Eine andere Führung führt über den mittelalterlichen Kreuzgang zum Brunnenhaus mit dem Siebenarmigen Leuchter der Agnes und zur Leopoldskapelle mit dem Verduner Altar, geschaffen 1181 von dem Goldschmied Nikolaus von Verdun als Kanzelbrüstung mit 51 Emailtafeln, die Szenen aus dem Alten und Neuen Testament zeigen. 1330 wurde dieses weltweit einzigartige Werk in einen Flügelaltar umgearbeitet. Endpunkt der Führung ist die Stiftskirche, die durch ihre barocke Ausstattung beeindruckt.

Eine Sehenswürdigkeit ganz anderer Art ist das 1000-Eimer-Fass im Binderstadl, auf dem jedes Jahr am 15. November, dem Leopolditag, das Fasslrutschen stattfindet, ein Riesenspaß für Groß und Klein. Ebenso großen Spaß verspricht die Führung durch den vierstöckigen barocken Keller des ältesten und größten Weingutes Österreichs!

STIFT HEILIGENKREUZ

Das ebenfalls von Leopold III. gegründete Stift Heiligenkreuz ruht in einer Talmulde des Wienerwaldes. Auch diese Klosteranlage besitzt einzigartige Schätze. Einer der kostbarsten ist die Kreuzreliquie, die Leopold V. im 12. Jahrhundert von seiner Pilgerreise nach Jerusalem mitgebracht hatte. Im Jahr 2008 nahmen die Mönche des Stiftes Heiligenkreuz ihren täglichen lateinischen Gregorianischen Choral auf CD auf. Und siehe da: *Chant – Music for Paradise* wurde zum Welterfolg. Die »Pop-Mönche« oder »Boy-Group-Mönche«, wie sie liebevoll genannt wurden, haben die schnellst- und meistverkaufte CD produziert, die es in Österreich je gab.

WEITERE INFORMATIONEN

Stift Klosterneuburg:
www.stift-klosterneuburg.at (Besichtigungen nur im Rahmen von Führungen)
Stift Heiligenkreuz:
www.stift-heiligenkreuz.org

Der Kontrollraum in Zwentendorf, dem weltweit einzigen Atomkraftwerk, das nie in Betrieb ging

10 Eine interessante Investitionsruine – AKW Zwentendorf

Ein Atomkraftwerk im Ruhestand

Ein Knopfdruck hätte genügt, und Österreichs einziges Atomkraftwerk wäre in Betrieb gegangen. Dieser Knopfdruck erfolgte aber nie, und so wurde das AKW Zwentendorf zwar fertiggestellt, es nahm seinen Betrieb aber nie auf. Jetzt ist es ein Ort, in dem Besucher in Bereiche gelangen können, die in einem aktiven Reaktor aufgrund der starken Strahlung niemals zugänglich wären – und das ist wohl einzigartig auf der Welt.

Einzigartig ist auch die Geschichte des Kernkraftwerks: 1969 als Siedewasserreaktor genehmigt und mit dem gigantischen Aufwand von 5,2 Milliarden Schilling (heute rund 1,6 Milliarden Euro) errichtet, wurde es 1978 auf Eis gelegt, nachdem sich 50,47 Prozent der Bevölkerung in einer Volksabstimmung gegen seine Inbetriebnahme ausgesprochen hatten. Heute bietet das brach liegende Kernkraftwerk mit 1000 Räumen, technischem Interieur und keiner Strahlung als »Trockendock« weltweit einzigartige Schulungsmöglichkeiten für Kernkraftwerksmitarbeiter. Der Siedewasserreaktor hat bisher schon mehrmals als Ersatzteilspender gedient. An die baugleichen deutschen Kernkraftwerke Isar 1, Brunsbüttel und Philippsburg 1 wurden zwar Teile geliefert, auch sie wurden mittlerweile aber stillgelegt. Auch wenn das Kernkraftwerk nicht in Betrieb ging, in Tiefschlaf verfiel es nie. Es diente oftmals als Filmkulisse, war Austragungsort des Nuke Musikfestivals und ist eine begehrte Event-Location. Seit 2010 kann es gegen Voranmeldung besichtigt werden.

Weitere Informationen

Web: www.zwentendorf.com

11 Einfach sensationell – Kunstmeile Krems

Die Kunstmeile Krems, eine Meile mit fulminantem Kulturangebot

Ein Hotspot der österreichischen Museumslandschaft

Kunst und Knast: In unmittelbarer Umgebung von Österreichs bekanntestem Gefängnis, dem Steiner »Häfen«, stehen die Zeichen voll auf Kunst. Auf einer Strecke von tatsächlich einer Meile (1,6 km) zwischen Minoriten- und Dominikanerkirche lädt die Kunstmeile Krems mit einem grandiosen Kulturangebot von Museen, Galerien und Musik-Events zum genussvollen Flanieren ein.

Die Meile beginnt mit der Dominikanerkirche, deren sakraler Innenraum den optimalen Rahmen für moderne Kunstwerke bildet, und daneben zeigt das museumkrems seine historischen Sammlungen. Es folgen die Artothek Niederösterreich und das Karikaturmuseum, Österreichs einziges Museum für satirische Kunst. Höhepunkte sind die Dauerpräsentation der Werke von Manfred Deix und das IRONIMUS-Kabinett.

Die jüngste Neuerung ist der architektonisch anspruchsvolle Kubus der Landesgalerie Niederösterreich, gegenüber befindet sich die Kunsthalle Krems, ein internationales Ausstellungshaus. Am Ende der Kunstmeile bieten die Minoritenkirche interessante Hör-Erlebnisse und die Adolf Frohner gewidmete Ausstellungsplattform des Forum Frohner spannende Seh-Erlebnisse. Und weil Kunst allein nicht satt macht, rundet ein kulinarisches Angebot die Kunstmeile ab. Die Gastwirtschaft Poldi Fitzka serviert im modernen Ambiente der Landesgalerie Niederösterreich traditionelle österreichische Küche.

Weitere Informationen
www.kunstmeile.at

Die MS A-ROSA-DONNA, eines der vielen Kreuzfahrtschiffe, die auf der Donau verkehren (oben)

Donauschiffe

Die Donau ist nach der Wolga der zweitlängste Fluss Europas. Sie verbindet zehn Länder, und das macht sie zu einem der wichtigsten Verkehrswege des Kontinents. Dank ihrer landschaftlichen Vielfalt und Schönheit ist sie überdies ein beliebtes Revier für Flusskreuzfahrten.

Wer immer vom Ufer der schönen blauen Donau aus auf den langsam dahinfließenden Strom schaut, ist erstaunt darüber, wie viel Verkehr auf der breiten Wasserstraße doch herrscht. Da stampfen schwer beladene Güter- und Schubschiffe, oft sogar in Verbänden, vom Südosten kommend flussaufwärts. Da queren Rollfähren, die oft durch die Strömung angetrieben werden und die gerne von Touristen und Radfahrern auf dem Donauradweg genützt werden, den breiten Strom. Und am auffälligsten sind die langen, eleganten Flusskreuzfahrtschiffe mit ihren riesigen Aussichtsdecks. Es sind über 100, die in der schönen Jahreszeit zwischen Passau, Wien, Budapest und dem Schwarzen Meer verkehren.

Wer von Wien aus einen besonderen Ausflug unternehmen will, entscheidet sich für eine Dampferfahrt in die Wachau. Die malerische Kultur- und Naturlandschaft des Weltkulturerbes zwischen Krems und Melk garantiert mit ihren wildromantischen, steil ansteigenden Steinterrassen und malerischen Orten von der Marillenblüte bis zum Weinherbst unvergleichliche Eindrücke. Vom Schiff aus sind romantische Burgen und Ruinen zu bestaunen. In Dürnstein legt das Schiff für zwei Stunden an – Zeit genug, um durch den reizenden Ort zu spazieren und vielleicht auf der Terrasse des Hotels Schloss Dürnstein eine Wachauer Spezialität und ein Glas Wein zu genießen.

Wien aus einer gänzlich anderen Perspektive zeigen Schiffstouren innerhalb der Stadt. Eine startet an der Schiffsstation »Wien City« am Schwedenplatz und führt vorbei an der Sternwarte Urania, den neuen Wohnprojekten in Erdberg mit der modernen Skyline und den Wäldern des Praters. Nach der Schleuse Freudenau kehrt das Schiff um und fährt die Donauinsel entlang zur Station Reichsbrücke. Ein anderer Ausflug, der das »moderne Wien« mit seiner markanten Skyline auf der Donauplatte zeigt, beginnt genau an dieser Station, fährt bis zur Schleusenanlage Nussdorf hoch und biegt dann in den Donaukanal ein. Eindrucksvoll ist auch die Abendrundfahrt, die ebenfalls am Schwedenplatz beginnt.
Sehr zu empfehlen ist auch ein Tagesausflug ins benachbarte Bratislava, Hauptstadt der Slowakei. Die modernen Twin City Liner starten an der Schiffsstation »Wien City« am Schwedenplatz, dann geht es rasant die Donau abwärts nach Bratislava. Dort ist Zeit genug, um vor der Rückfahrt die malerische Altstadt zu erkunden. Wer es lieber gemütlich hat, entscheidet sich für die »MS Kaiserin Elisabeth«, die dreimal wöchentlich von der neuen Schiffsanlegestation »Wien Marina« aus Richtung Bratislava ablegt.
Infos: https://ddsg-blue-danube.at

In Dürnstein machen so gut wie alle Ausflugsschiffe Halt (oben). Die Schiffsstation »Wien City« am Schwedenplatz (links).

12 33 Kilometer Lieblichkeit – die Wachau

Wo das Donautal am schönsten ist

Lieblich – dieses Wort scheint wie für die Wachau geschaffen. Die kunstvoll angelegten, steil aufragenden Terrassen der Weinberge, die alten, wie Perlen einer Kette aneinandergereihten Orte, die verwinkelten Gässchen, das alles ist an Idylle und Romantik kaum zu überbieten. Besonders bei der Marillenblüte im Frühling oder dann im Herbst, wenn sich das Laub verfärbt und der junge Wein in den Fässern reift.

Die Wachau ist zwar nur 33 Kilometer lang, kaum anderswo auf der Welt gibt es aber auf so relativ knappem Raum eine derartige Fülle an historischem Kulturgut. Burgen, Stifte, Klöster, Kirchen und vorbildlich gepflegte Gemäuer von Bürgerhäusern, Lesehöfen und Ansitzen, all das macht die Wachau zu einer der ältesten Kulturlandschaften Europas. Aber sie ist trotz ihres liebevoll gepflegten Kulturgutes mehr als ein kunsthistorisches Freilichtmuseum. Sie ist eine Region, die zwar ihre alten Werte bewahrt, trotzdem aber lebt und sich weiterentwickelt. Deshalb wurde sie auch in die Liste des Weltkulturerbes aufgenommen, erlangte internationale Berühmtheit und zieht im Sommer Tausende Touristen an.
Eines der beliebtesten Ziele von Urlaubern und Ausflüglern per Donauschiff ist Dürnstein mit seinem markanten blau-weißen Turm der Stiftskirche, dem Wahrzeichen der Wachau. Ein Spaziergang durch die verwinkelten Gassen mit romantischen Renaissance-Innenhöfen, wunderschönen Bürger- und Winzerhäusern führt zur ehemaligen Klarissinnenkirche und dem Stadttor. Wer fit genug ist, steigt zu der weithin sichtbaren Ruine auf, die den Ort über-

Die Stiftskirche Dürnstein: Ihr markanter blauer Turm war schon immer blau (unten)! Der älteste Weinkeller der Welt im Nikolaihof in Mautern, er ist 1800 Jahre alt (rechts oben).

ragt. In diesen Mauern war einst Richard Löwenherz, der König von England, gefangen. Wie es die Sage will, spürte ihn der Minnesänger Blondel auf, als er beim Anstieg auf die Burg ein Lied anstimmte und aus dem dunklen Verlies die zweite Strophe erklang.

Edle Weine mit Charakter

Die Wachau besitzt eine Weinanbaufläche von 1344 Hektar und produziert pro Jahr rund sieben Millionen Liter. An den steilen Ufern des Donautals ziehen sich kunstvoll angelegte Steinterrassen in die Höhe, hier wurden im Laufe der Zeit sogar mehr Steine aufgeschichtet als in den Pyramiden Ägyptens. Spitz, Weißenkirchen und Dürnstein mit Loiben sind die wichtigsten Weinorte am linken Donauufer und Mautern, Rossatz und die Arnsdörfer am rechten.
Wirklich bergauf ging es mit dem Wachauer Wein erst nach dem Reblaus-Befall des vorigen Jahrhunderts ab den späten 1930er-Jahren. Seither arbeiten die Weinbauern konstant an der Verbesserung der Qualität. So kam es, dass dort, wo schon Kelten und Römer Wein anbauten, heute einige der edelsten Weinsorten der Welt reifen. Die besten Lagen erbringen unverwechselbare Weine, die ab dem Jahrgang 2020 als Wachau DAC deklariert und übrigens ausschließlich mit der Hand gelesen werden dürfen. Allen voran Grüner Veltliner und Riesling, dazu Muskateller, Neuburger, Weißburgunder und eine kleine Menge Rotwein. Mehr als 200 Betriebe schlossen sich dem 1983 gegründeten Verein Vinea Wachau an, der mittlerweile 85 Prozent der Rebflächen bewirtschaftet. Die Winzer, die diesem Verband angehören, haben sich verpflichtet, alle Weine naturbelassen zu produzieren, Aufzuckern und Zusätze kommen nicht infrage.

Ein Paradies für Genießer

Das enge Donautal zwischen Melk und Krems ist wegen seiner gepflegten Küche, seiner edlen Weine und seiner Marillen auch ein Paradies für Genießer. Urlaubstage in der weltweit einzigartigen Landschaft garantieren kulinarische Erlebnisse vom Feinsten. Etwas Wachauer Schinken gefällig? Dazu ein »Wachauer Laberl« und ein Glas Wein mit Charakter? Oder vielleicht doch herrlich duftende Marillenknödel oder eine Wachauertorte? Wer die Wahl hat, hat die Qual!

DIE WACHAUER MARILLE

Die Wachauer Marille trat 1996 als erstes österreichisches Produkt in den erlauchten Kreis jener Obstsorten ein, die eine EU-weit geschützte Herkunftsbezeichnung tragen dürfen. 227 Wachauer Marillenbauern garantieren mit der Marke »Original Wachauer Marille« die Echtheit und die einzigartige Aroma- und Geschmacksqualität der süßen Frucht, die der Wachau in jedem Frühling ein Naturschauspiel von beispielloser Schönheit beschert. Wenn die 150 000 Marillenbäume in voller Blüte stehen, verwandeln sie die herrliche Landschaft in ein weißes Blütenmeer. Und sobald die Marillen reifen, werden sie zu kulinarischen Köstlichkeiten: frisch vom Baum, als Marillenknödel oder Marmelade, in fruchtigen Kuchen und Torten oder als Edelbrand und Likör.

WEITERE INFORMATIONEN

www.donau.com

Die Anlage des Stiftes Melk: ein großes, barockes Gesamtkunstwerk (oben). Die berühmte Wendeltreppe verbindet die Melker Bibliothek mit der Kirche (rechts unten).

13 Barocker Höhepunkt – Stift Melk

Klosterpalast von unglaublicher Größe

Mächtig und stolz erhebt sich das imposante Benediktinerstift Melk von seinem über 60 Meter hohen Felskegel aus über die Donau. Über Jahrhunderte geistiges und kulturelles Zentrum, gilt es als absoluter Höhepunkt der österreichischen Barockarchitektur. Und als Prototyp klösterlicher Prunk- und Prachtentfaltung nach den kargen Zeiten der Reformation und der blutigen Türkenkriege.

Seit Markgraf Leopold II. im Jahr 1089 seine Burg in Melk Benediktinern aus Lambach übertrug, leben und wirken auf dem Felskegel über der Donau Mönche nach den Regeln des heiligen Benedikt. Sie gründeten schon im 11. Jahrhundert eine Schule und machten das Stift zu einem Zentrum geistigen und kulturellen Schaffens. Wie groß seine Bedeutung war, zeigt sein Ausbau im 18. Jahrhundert. Zwischen 1702 und 1738 schufen Jakob Prandtauer (1660–1726) und Joseph Munggenast (1680–1741) den grandiosen Barockbau, der im Jahr 2000 als einzigartiges Kulturensemble in die Liste des UNESCO-Weltkulturerbes aufgenommen wurde. Der gewaltige Klosterpalast legt sich wie ein Bollwerk um die weithin sonnengelb leuchtende Stiftskirche.

Schönster Barockbau nördlich der Alpen

Von der Donau aus gesehen wirkt die Stiftskirche, als würde sie mit ihren symmetrischen Türmen und der gewaltigen Kuppel aus dem vom Strom aufsteigenden Felsen in den Himmel wachsen. Ihre stolze Haltung ist berechtigt, wird sie doch mit ihrem lichtdurchfluteten Hochaltar und ihrer herrlichen, mit Gemälden des »Salzburger Michelangelo« Johann Michael Rottmayr (1656–1730) geschmückten Kuppel oft sogar als schönstes Barockbauwerk nördlich der Alpen gerühmt.

Tausende Besucher bestaunen jedes Jahr die größte Klosteranlage des österreichischen Barocks. Sie betreten die Anlage durch den würdevollen Prälatenhof und gelangen über die Prunkstiege in den Kaisergang mit 60 Gästezimmern für durchreisende gekrönte Häupter, in denen heute Teile der Klosterschätze zu bestaunen sind. Die beiden prunkvollsten Sehenswürdigkeiten liegen zu beiden Seiten des Kolomanihofs: der gigantische, mit mythologischen Deckenfresken von Paul Troger geschmückte Marmorsaal und die Stiftsbibliothek mit über 100 000 Bänden, darunter 1888 Handschriften und 750 Inkunabeln aus dem 12. bis 16. Jahrhundert. Einen grandiosen Blick auf die Donau, das grüne Umland und die Westfassade der Stiftskirche gewährt die Altane, der Verbindungsbalkon zwischen Bibliothek und Marmorsaal.

Der Park, Abbild des Paradieses

Nach Fertigstellung des Stiftskomplexes wurde ab 1743 die Anlage des Parks in Angriff genommen, im Sinn des barocken Denkens als Abbild des Paradieses, in dem die in Reih und Glied stehenden Pflanzen die kosmische Ordnung symbolisierten. Wer den im Jahr 2000 revitalisierten Park heute vom Eingangstor aus betritt, gelangt zunächst in den Pavillongarten. Eine breite, von Rosen flankierte Steintreppe führt in den Gartenpavillon, der durch Malereien von Johann Wenzel Bergl (1719–1789) bezaubert. In der zweiten Etage führen verschlungene Wege durch den ehemaligen Landschaftsgarten. In diesem Bereich gibt es viel zu entdecken. So erzählen Kinder bei den »Sprechenden Steinen« die Schöpfungsgeschichte. Und auf dem »Benediktus-Weg« geben zwölf Stelen Einblicke in die Mönchsregeln des heiligen Benedikt, beispielsweise »Höre mit dem Herzen« oder »Frei im Gehorsam«.
Auf der dritten und obersten Ebene liegt, umringt von Reihen 250 Jahre alter Linden, das in der Barockzeit angelegte Wasserbassin. Mitten im Becken errichtete der Künstler Christian Phillip Müller seine Installation »Neue Welt, eine Art locus amoenus«, eine mit Gewächsen aus der »Neuen Welt« bepflanzte Insel.

STIFT GÖTTWEIG

Die Wachau beginnt mit einem Klosterpalast, mit Melk, und sie endet auch mit einem nicht weniger beeindruckenden: dem Stift Göttweig. Das gegenüber von Krems unübersehbar auf 422 Meter Höhe thronende Benediktinerstift wird oft als das österreichische Montecassino bezeichnet. Seit dem Jahr 2000 ist es UNESCO-Weltkulturerbe. Nach der Brandkatastrophe von 1718 wurde der grandiose Klosterbau nach Plänen des Barockarchitekten Lucas von Hildebrandt neu errichtet. Fertiggestellt konnten zwar nur zwei Drittel des ursprünglichen Planes werden, aber auch die beeindrucken zutiefst. Barocke Pracht ist vor allem im Kaisertrakt zu bewundern, die monumentale Kaiserstiege mit dem Deckenfresko Paul Trogers zählt zu den bedeutendsten Werken dieser Art Europas.

WEITERE INFORMATIONEN

www.stiftmelk.at

Österreichs schöne Landesmitte

Ins Salzkammergut und zur Hochkultur

Die Romantikstadt Steyr (links). Die Kaiservilla in Bad Ischl, Arbeitszimmer von Kaiser Franz Joseph und der Schreibtisch, an dem er die Kriegserklärung für den Ersten Weltkrieg unterschrieb (oben). Eine der Regionen, in der Tracht noch hoch gehalten wird (unten).

Salzburg, Ostufer der Salzach mit dem Turm der Christuskirche der Evangelischen Pfarrgemeinde

Route ins Innere des Landes

Salzburg, Mozart und die Sommerfrische

Jede Menge glasklare Seen, dank des häufigen Schnürlregens tiefgrüne Wiesen und Wälder und dazu reizende Städte, in denen die Kultur zu Hause ist: Die Landschaft im Herzen Europas gilt nicht zu Unrecht als die Region, in der die Sommerfrische erfunden wurde. Für diese Route ist daher mindestens eine Woche einzuplanen, am besten aber gleich der ganze Urlaub.

Die Bühne der Welt ist **14 Salzburg**. Mit allem, was dazugehört: Hochkultur auf allerhöchstem Niveau, aber auch Rummel und gesalzene Preise. Und doch: Diese Stadt schlägt jeden in ihren Bann. Da hilft nichts, als den Tag mit einem Frühstück im Café Tomaselli zu beginnen, sich dann im Strom der Touristen durch die Getreidegasse schieben zu lassen, ein Stück auf Mozarts Spuren zu wandeln und später am Domplatz den »Jedermann« zu sehen. Abkühlung und einzigartiger Wasserspaß hat **15 Schloss Hellbrunn** zu bieten. Dort spritzt Wasser aus allen Ecken und Enden, immer dort, wo man es am wenigsten erwartet.

Salzkammergut, das Herz Europas

Das **16 Salzkammergut** ist bekannt dafür, dass es hier oft regnet. Das viele Nass, liebevoll Schnürlregen genannt, hat aber auch seine Vorteile: Die Wiesen sind hier grüner als anderswo, und die Luft ist frischer. Dass Kaiser Franz Joseph das Salzkammergut für sich entdeckte, ist kein Zufall. Er hat die Reize der anmutigen Landschaft erkannt und machte Bad Ischl für die Sommermonate zum Zentrum der Monarchie. Bald war der Trend zur Sommerfrische geboren, und er hält bis heute an. Es gilt nach wie vor: »Im Salzkammergut, da kann man gut lustig sein.«
Was es unbedingt zu erkunden gilt, ist die 100 Kilometer von Bad Ischl entfernte Romantikstadt **22 Steyr.** Über den wirklich sehenswerten Stadtplatz zu spazieren, um den sich Bürger- und Handelshäuser aus Gotik und Renaissance reihen, ist ein echter Genuss. Das **17 Ausseerland** ist dann wieder eine Landschaft von gediegener Schönheit. Die geheimnisvollen Seen, die Berge, die traditionellen Häuser mit vorgebauter Holzveranda, das alles hat seinen Reiz. Besonders, wenn im Frühsommer die Narzissen blühen. Da heißt es einfach loswandern, ins Salzbergwerk einfahren und dann in einem Gasthaus am See fangfrischen Fisch genießen, Forelle oder Saibling.

Der Sehnsuchtsort aller Ostasiaten

Das wie ein Schwalbennest zwischen Berg und Wasser klebende **18 Hallstatt** ist vor allem bei Chinesen berühmt, seit es 2012 in der Provinz Guangdong eins zu eins nachgebaut wurde. Einen Besuch wert ist der reizende Ort, nach dem sogar eine ganze Kulturepoche benannt wurde, trotz der Invasion aus Ostasien. Geradezu aufregend ist der Ausflug mit der Salzbergbahn hinauf in luftige Höhen. Der Blick hinunter auf den Ort und der Besuch des Schaubergwerks garantieren unvergessliche Eindrücke. Das Gleiche gilt für die **19 Eisriesenwelt Werfen,** immerhin die größte Eishöhle der Welt.

Trauriger Ort der Erinnerung

Dass auch die schönste Landschaft ihre grausamen Schattenseiten hat, führt die KZ-Gedenkstätte **20 Mauthausen** vor Augen. Keine leichte Kost, aber wichtig für alle, die das »Nie wieder!« ernst nehmen. Der Besuch des ehemaligen KZ wirkt zwar lange nach, in die Welt herrlicher Kunst- und Kirchenschätze entführen aber die prachtvollen **21 Stifte** rund um **23 Linz.** Und Linz selbst ist überhaupt ein Hit. Unglaublich, wie sich die einstige staubige Industriestadt mit schlechter Luft in Richtung Zukunft entwickelt hat. Richtig faszinierend!

Toureninfo

Start: Salzburg
Ziel: Hellbrunn–Salzkammergut–Steyr–Ausseerland–Hallstatt–Werfen–Mauthausen–Stifte um Linz–Linz
Länge: 450 km
Dauer: 14 Tage
Beste Reisezeit: Sommer
Sehenswertes: In Bad Ischl ist die Atmosphäre der k.u.k. Donaumonarchie spürbar, ja geradezu nahezu greifbar.
Unterkunft: Schloss Leopoldskron ist ein hochelegantes Hotel. Direkt an einem kleinen See gelegen, liegt es absolut ruhig und ist doch nur wenige Fußminuten von der Salzburger Altstadt entfernt. Tolles Frühstück im Ballsaal.

Weitere Infos

Die knapp 100 km lange Salzkammergutstraße B 145 führt von Trautenfels durch das Ausseerland nach Hallstatt und über Bad Ischl und Gmunden bis Vöcklabuck. Sie verbindet einige der interessantesten Orte dieser Region miteinander.

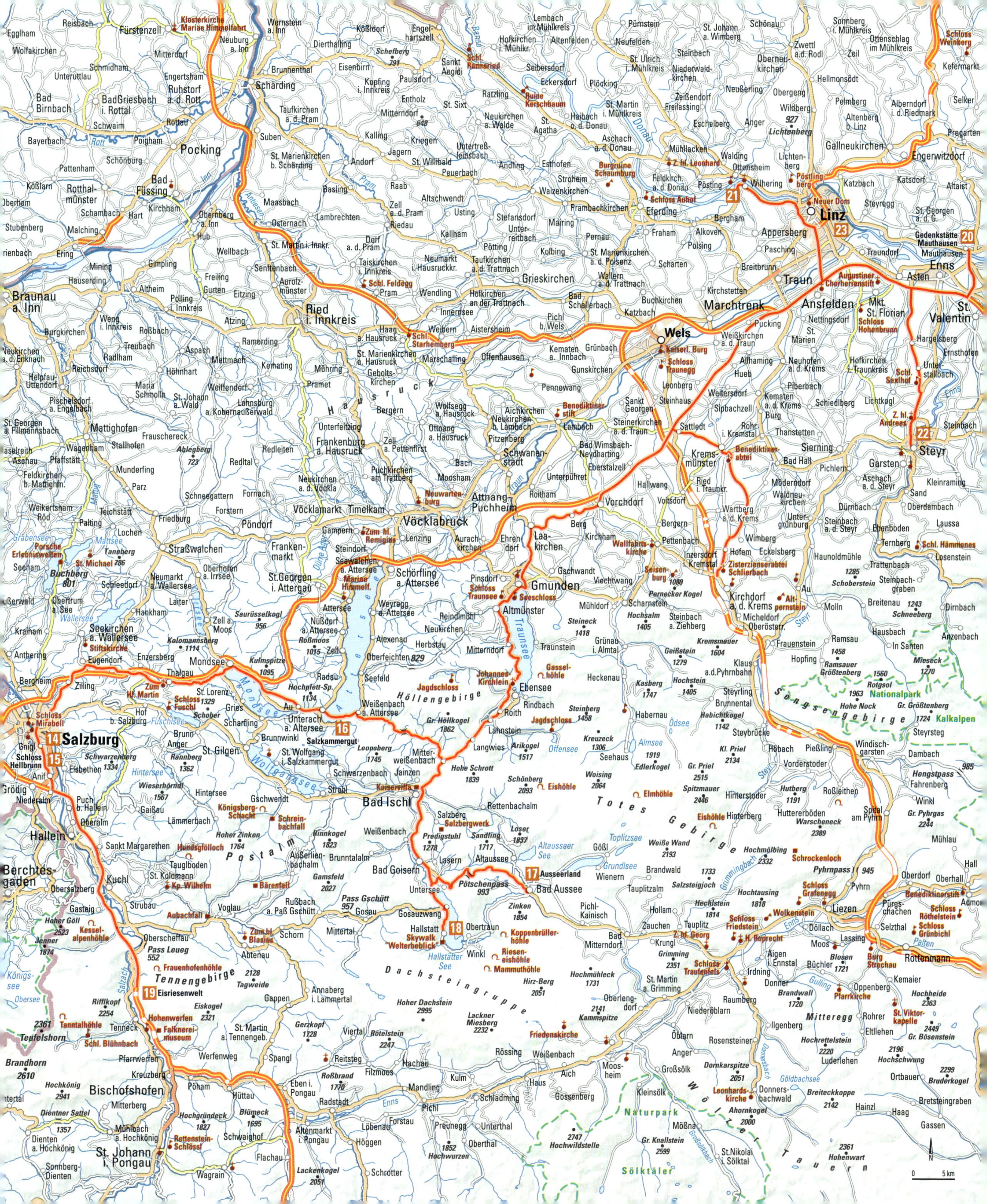

Schärding
Pocking
Bad Füssing
Braunau a. Inn
Ried i. Innkreis
Grieskirchen
Wels
Linz
Marchtrenk
Traun
Ansfelden
Enns
St. Valentin
Mauthausen
Eferding
Kremsmünster
Steyr
Vöcklabruck
Attnang-Puchheim
Schwanenstadt
Vöcklamarkt
Mattighofen
Straßwalchen
Seekirchen a. Wallersee
Mondsee
St. Gilgen
St. Wolfgang i. Salzkammergut
Strobl
Bad Ischl
Gmunden
Ebensee
Altmünster
Traunsee
Attersee
Salzburg
Hallein
Berchtesgaden
Golling
Kuchl
Bad Goisern
Hallstatt
Obertraun
Bad Aussee
Ausseerland
Bad Mitterndorf
Liezen
Rottenmann
Windischgarsten
Kirchdorf a. d. Krems
Bischofshofen
St. Johann i. Pongau
Radstadt
Schladming
Altenmarkt i. Pongau
Tennengebirge
Dachsteingruppe
Totes Gebirge
Höllengebirge
Sengsengebirge
Nationalpark Kalkalpen
Naturpark Sölktäler
Wölzer Tauern
Hausruck
Postalm
Eisriesenwelt
Salzkammergut
14
15
16
17
18
19
20
21
22
23
0
5 km

Die Festung Hohensalzburg thront majestätisch über der Stadt Salzburg (oben). Blick über den Mirabellgarten (rechts oben). Der Residenzplatz mit dem aus dem 17. Jahrhundert stammenden Residenzbrunnen (rechts unten).

14 Magische Mozartstadt – Salzburg

Die Bühne der Welt

Schnürlregen, Gedränge und Geschiebe in den engen Gassen, Konservative in grünen Lodenumhängen und Society-Tiger, dazu auch noch gesalzene Preise: All das ist Salzburg. Aber das ist nicht das Wichtigste. Was wirklich zählt und was Salzburg zu Salzburg macht, das ist die Kunst. Sie ist international, elitär, auf höchster Ebene. Das Beste vom Besten. Sie macht die Stadt zur Bühne der Welt.

Wer im Hochsommer, noch dazu zur Festspielzeit, nach Salzburg kommt, den erwartet Kunstgenuss auf höchster Ebene. Die Stadt selbst aber, die noch um die Wende zum vorigen Jahrhundert so idyllisch war, dass sie Literaten und Künstler geradezu magisch anzog, spielt nur eine Nebenrolle, und das nicht einmal gut. Die Gassen schwarz vor Menschen, in den Auslagen Mozartkugeln und Touristenkitsch, die Cafés und Restaurants überfüllt. Und das, obwohl es eigentlich viel zu sehen gäbe. Jederzeit sonst verströmt die Altstadt einen unwiderstehlichen Charme. Der imposante barocke Dom, der nicht zufällig an den Petersdom in Rom erinnert, der Domplatz, alljährlich Bühne für den legendären »Jedermann«, das Kleine Festspielhaus aus den Jahren 1924 bis 1925, das Große Festspielhaus, das Clemens Holzmeister 1956 bis1960 erbaute, die barocke Felsenreitschule mit der nahen Pferdeschwemme, das malerische Gassenlabyrinth mit der Getreidegasse, und alles gekrönt von der majestätischen Festung Hohensalzburg – dieses Ensemble hat Salzburg zu Recht das Prädikat »Rom des Nordens« beschert. Dass es im Jahr 1997 zusammen mit Schloss und Park Schönbrunn in Wien als erster Ort Österreichs in die Liste des UNESCO-Weltkulturerbes aufgenommen wurde, erscheint daher nur logisch.

SALZBURG MUSEUM

Die Salzburger Judengasse mit Blick auf den Turm des Alten Rathauses (unten). Die von Bildhauer Jakob Adlhart geschaffenen Masken vor dem Großen Festspielhaus (rechts oben).

Amadeus, Amadeus

Waren früher für die Entwicklung Salzburgs die Machtpolitik der Erzbischöfe und die reichen Erträge aus der Salzwirtschaft bestimmend, begründen heute zwei andere Faktoren den Ruhm der Stadt: die Fügung, dass Wolfgang Amadeus Mozart (1756–1791) hier geboren wurde, sowie die Salzburger Festspiele. Dass Mozart seine Geburtsstadt nach einem Streit mit dem Erzbischof und dem legendären Fußtritt des Grafen Arco verlassen hat und nur ein einziges Mal widerwillig zurückkam, um seine junge Frau Constanze seinem Vater vorzustellen, der ihm wegen dieser unerwünschten Heirat übrigens bitterbös war, ist längst kein Thema mehr. Mozart wird als berühmter Sohn der Stadt gefeiert, er ist ihr größter Devisenbringer, sein Geburtshaus in der Getreidegasse und das Wohnhaus der Familie, das »Tanzmeisterhaus« am heutigen Makartplatz, sind Pilgerstätten.

Die Salzburger Festspiele

Wenn im Juli und August zu Füßen der mächtigen Festung Hohensalzburg die Abendroben knistern und der Ruf »Jedermann« über den Domplatz hallt, steht fest: Jetzt ist Salzburg die Hauptstadt der europäischen Kultur.

Die Salzburger Festspiele wurden 1917 von Max Reinhardt (1873–1920) gegründet – in einer Zeit, in der die Donaumonarchie gerade zusammenbrach und in der auch Schauspieler und Sänger hungerten. Reinhardts Plan war es, die arbeitslose Zeit der Künstler zu überbrücken und im Sommer für jede Inszenierung die am besten geeigneten Kräfte nach Salzburg zu holen. Mit an der Wiege der Salzburger Festspiele standen der Komponist Richard Strauss und der Dichter Hugo von Hofmannsthal (1874–1929). Dieser formulierte auch das Programm für Salzburg: »Oper und Schauspiel, und von beidem das Höchste.«

So wurden die Festspiele 1920 mit Hofmannsthals »Jedermann« eröffnet. Die Schauspieler verzichteten damals auf ihre Gage, nur Werner Krauß, der den Tod und den Teufel spielte, bestand auf einem Honorar in Form einer Salzburger Lederhose. Das ist heute anders.

Inzwischen haben die Salzburger Festspiele eine wechselvolle Geschichte hinter sich. Bis zum Anschluss Österreichs an das Deutsche Reich waren sie noch ein Sammelpunkt internationaler Künstler, die die neuesten und gewagtesten künstlerischen Strömungen in Musik, Kunst, Theater und Bühnenbild nach Salzburg brachten. Max Reinhardt, Arturo Toscanini und Bruno Walter prägten den Aufführungsstil. Die Nationalsozialisten aber setzten dem Wirken dieser

Künstler ein jähes Ende, denn sie vereinnahmten die Festspiele für ihre eigene Kulturpolitik. Die Salzburger Festspiele haben auch das überlebt. Nach dem Zweiten Weltkrieg kam Herbert von Karajan (1908–1989) und brachte neuen Glanz nach Salzburg. Nach seinem Tod 1989 setzte man auf Avantgardistisches statt Altbewährtes. So entwickelten sich die Festspiele zu einem Kunstereignis, das wie kaum ein anderes einen Bogen zwischen Klassik und Moderne spannt. Wer in Salzburg Kunstgenüsse erleben will, muss jedoch nicht auf die turbulente Zeit des Hochsommers warten. Kunst vom Feinsten gibt es das ganze Jahr über. Den Jazz-Herbst zum Beispiel, die Mozartwoche im Januar und dazu noch eine Unzahl anderer Veranstaltungen. Und, natürlich, die 1967 von Herbert von Karajan gegründeten Osterfestspiele.

Der Mirabellgarten

Geradezu ein Muss ist der Besuch des Mirabellgartens. Allein der Blick vom Rosenhügel über das kleine Parterre zu der grünen Kuppel und den beiden Türmen des Doms und dann weiter auf die mächtige Festung Hohensalzburg ist ein Bild von erhabener Schönheit. Was den Mirabellgarten in Salzburg aber vollends zu einem der interessantesten Gärten Österreichs macht, ist sein imperialer Glanz. Überreiche Blumenparterres mit 100 000 blühenden Pflanzen, Balustraden, Skulpturen und Brunnen, Rosengarten, Heckentheater und Zwerglgarten, all das lässt das Barock wieder erstehen. In all seiner üppigen, sinnlichen Lebensfreude. Sinnliche Lebensfreude stand auch am Anfang des prachtvollen Parks. Der mächtige Fürsterzbischof Wolf Dietrich von Raithenau (1559–1617), ein hochgebildeter Mann mit scharfem Verstand, war der Meinung, es sei nur eine Frage von kurzer Zeit, bis die katholische Kirche den Zölibat abschaffen würde. Als er sich in die hübsche Salome Alt verliebte, zögerte er daher nicht, 1606 mit dem Bau eines Schlosses für sie zu beginnen. Es geriet überaus prachtvoll. Und Salome, als Geliebte des Kirchenfürsten von ihrer Familie verstoßen, fühlte sich in der würdigen Umgebung mit ihren zehn überlebenden von insgesamt 15 Kindern wohl. Ihr Glück aber war nur von kurzer Dauer. 1612 wurde Wolf Dietrich zur Abdankung gezwungen und auf der Festung inhaftiert. Salome Alt musste mit ihren Kindern flüchten. Das Liebespaar sah sich nie wieder. Das Schloss ging an Markus Sittikus, den Neffen und Nachfolger des gestürzten Erzbischofs. Er liebte es nicht, nannte es aber trotzdem »Mirabell«, eine Zusammensetzung der italienischen Worte für »bewundernswert« und »schön« – Attribute, die immer noch zutreffen – für das Schloss, heute Schauplatz romantischer Hochzeiten, und für den Garten.

FESTUNG HOHENSALZBURG

Die Festung Hohensalzburg gehört zu jedem Salzburgbesuch. Sportliche gehen zu Fuß, bequemer ist aber die Festungsbahn, die bis 1959 noch nicht elektrisch, sondern als Wasserballastbahn fuhr. Im Gegensatz zur äußeren Festungsanlage können die innen liegenden Burgteile mit Salzmagazin, Folterkammer, Reckturm, Wehrgang und Salzburger Stier nur im Rahmen von Führungen besichtigt werden. Glanzpunkt der Festung sind die prunkvollen Fürstenzimmer im Hohen Stock, die wie die Museen – Festungsmuseum, Marionettenmuseum, Museum des Erzherzog Rainer Regiments und die Multivisionsschau in der romanischen Unterkapelle – auf eigene Faust erkundet werden können.

WEITERE INFORMATIONEN

www.hohensalzburg.com
Mönchsberg 34
Festungsmuseum:
Tel.: +43 662 842 430-11

Schloss Hellbrunn, Altemps Brunnen mit Perseus Statue und Sternweiher (oben). Ein Wunderwerk der Technik: das Große Mechanische Theater (rechts unten).

15 Einzigartiger Wasserspaß – Schloss Hellbrunn

Feuchtfröhliches Kulturjuwel

Ein Schloss, ein mit zahllosen technischen Raffinessen ausgestatteter Park, und das alles zu einem einzigen Zweck: zum reinen Vergnügen. Hellbrunn ist ein Lustschloss im wahrsten Sinn des Wortes. Wo sich einst Fürsterzbischöfe an Wasserspielen delektierten und ihre erlauchten Gäste oft kreischend davonstoben, erwartet Besucher auch heute eine wahre Wunderkammer voller Geheimnisse und Überraschungen.

Einen Ort zu schaffen, wie es ihn nie zuvor auf der ganzen Welt gab, das war die Vision des Markus Sittikus (1574–1619). Als Fürst und Erzbischof hatte er Macht und Mittel, seine Träume umzusetzen. Er schuf mit Hellbrunn ein einzigartiges manieristisches Gesamtkunstwerk, ein riesiges Spielzeug, mit dem er seine Gäste unterhalten und wohl auch foppen konnte. Und darüber hinaus den Rahmen für das Lebensgefühl seiner Zeit, das von Pessimismus und Bedrohung durch Krieg, Pest und Türken geprägt war, aber auch von Genuss, Eitelkeit und nahezu unstillbarer Gier nach immer neuen Sensationen.

Nasse Überraschungen auf Schritt und Tritt

Wo die illustren Gäste des Markus Sittikus von aufspritzenden Wasserstrahlen getroffen pudelnass, lachend und schimpfend flüchteten, erwartet die Besucher auch heute noch Wasserspaß ohne Ende. Wasser spritzt an allen Ecken und Enden und immer dort, wo es am wenigsten erwartet wird, hervor. Umgeleitet in Becken, kleine Flüsschen, Teiche, Grotten und zu wasserbetriebenen Figurenspielen sorgt es für Überraschung und Staunen, Erschrecken und Heiterkeit.

Wie ein Stück lebendes Barock präsentiert sich das große Wasserparterre mit seinem recht-

eckigen Teich und der durch Brücken begehbaren Insel. Der Fürstenweg bildet mit seinen Wasserspielen, bei denen Besucher nie so recht wissen, was auf sie zukommt, das viel bewunderte Kernstück von Hellbrunn.
Ein weltweit einzigartiges Ensemble bilden die Wasserautomaten. Die Quelle vom Sternweiher versorgt sie mit Wasser, und dieses lässt in fünf kleinen Grotten Püppchen wie von Geisterhand betrieben immer gleiche Bewegungen ausführen. Ein Meisterwerk für sich ist auch das Mechanische Theater. Es zeigt eine mittelalterliche Kleinstadt um den turmartigen Palast, in dem auch heute noch 141 von Wasser betriebene und 52 unbewegte Figürchen das Leben des 18. Jahrhunderts darstellen: Handwerker und Gewerbetreibende, Vornehme, Bauern und Figuren der Commedia dell'arte.

Faszinierende Technik

Was es für erzbischöfliche »Partygäste« in den fünf Grotten zu entdecken gab, ist auch heute noch vorhanden. Alle fünf faszinieren durch ausgeklügelte technische Finessen. So erklingen in der Vogelsanggrotte zehn verschiedene Vogelstimmen, und in der Neptungrotte schockiert das schaurig schöne, Augen rollende, Zunge zeigende Germaul, das Wahrzeichen von Hellbrunn. Dort bescheren versteckte Düsen und Röhrchen auch einen Platzregen – samt Regenbogen.
Beim Fürstentisch genügt ein wenig Fantasie, und schon tafelt eine Tischgesellschaft zu Beginn des 17. Jahrhunderts. Die in kostbare Gewänder gehüllten Gäste kühlen Wein in der langen Furche in der Mitte des Tisches, heben ihre Pokale – und werden von unten mit Wasser bespritzt, das völlig unvermutet aus den zehn steinernen Hockern schießt. Sie springen mit großem Hallo auf, versuchen zu flüchten und stehen plötzlich vor einer Wasserwand. Während alles kreischt und in klatschnassen Kleidern herumläuft, reibt sich einer die Hände: der Hausherr. Er bleibt als einziger trocken. Ein Privileg, das heute kaum ein Besucher von Hellbrunn genießt. Irgendwo erwischt es jeden. Und wenn es auf dem Weg zum Altemps-Brunnen ist, wo regelrechte Kaskaden niedergehen, oder beim Schlossportal, wo Wasser sogar aus Hirschgeweihen sprüht.

DER ZOO SALZBURG

150 Tierarten von allen Kontinenten und in allen Größenordnungen vom Alpaka über das Breitmaulnashorn bis zum azurblauen Pfeilgiftfrosch erwarten Besucher im Tiergarten beim Park von Hellbrunn, insgesamt über 1500 Tiere. Herzstück der Anlage ist der Afrikateil mit seiner weitläufigen Savannenanlage. Publikumslieblinge sind die entzückenden Roten Pandabären, die gern mit ihren Pflegern kuscheln.

WEITERE INFORMATIONEN

www.salzburg-zoo.at

16 Anmut und stille Schönheit – das Salzkammergut

Seelenlandschaft und Herz Europas

Das Salzkammergut ist eine Region mit besonderem Charakter. Schon früh durch den Abbau von Salz und den Handel mit dem »weißen Gold« zu Wohlstand gekommen, prägte sie in jüngerer Vergangenheit der Tourismus. Zur Sommerfrische der guten alten Kaiserzeit kamen der Wintersport und im Sommer eine riesige Palette an Urlaubsangeboten an den zahlreichen malerischen Seen und in den »wanderbaren« Bergen.

Das Salzkammergut wird oft das Herz Europas genannt. Das liegt zum einen an seiner geografischen Lage und zum anderen an der Vielfalt seiner Landschaften und seiner Kultur. In dieser Region wird seit Jahrtausenden Salz gewonnen. Dem »weißen Gold« verdanken Hallstatt, Bad Aussee, Hallein, Gmunden und Bad Ischl ihren Wohlstand ebenso wie die Stadt Salzburg. Das Salzkammergut ist aber auch eine der ältesten Urlaubsregionen. Hier wurde die Sommerfrische erfunden – und zwar lange bevor neben dem Kaiser Heerscharen von Malern, Schriftstellern und Komponisten in der grünen Idylle Erholung suchten.

Grüne Wiesen und altes Brauchtum

Das Salzkammergut ist eine Landschaft für Kenner, in der sich die Luft und das Wasser, die Berge und die Seen zu nahezu überirdischer Schönheit vereinen. Zu einer Schönheit freilich, die auch ihre Eigenwilligkeit beweist, denn im Salzkammergut regnet es gerne. Das zarte Nass

Blick von der Schafbergbahn aus auf den Wolfgangsee (unten). Schloss Orth am Traunsee ist zwar kein Hotel, es war aber der Drehort für die beliebte Fernsehserie »Schlosshotel Orth« (rechts).

wird liebevoll Schnürlregen genannt, und der hat nicht nur seit der Klimaerwärmung seinen speziellen Reiz. Zum einen sind die Wiesen dadurch grüner als anderswo, und zum anderen ziehen nach dem Regen oft Bänke von Nebel und Dunst über See und Land und verzaubern die Landschaft.

Das Salzkammergut konnte sich auch länger als andere Regionen Österreichs gegen schnelllebige Modeerscheinungen verwehren. Althergebrachtes und Brauchtum werden liebevoll gepflegt. Das zeigt sich in der Architektur der vielen gepflegten und blumengeschmückten Häuser ebenso wie in der Kulinarik und im Erscheinungsbild der Menschen. Sie gehen gern in Tracht und feiern ihre traditionellen Feste mit Hingabe. Die Gamsjagatage in Bad Goisern mit der alle vier Jahre stattfindenden Gamsbart-Olympiade, der Almabtrieb im Almtal und das Narzissenfest in Altaussee sind nur drei der Höhepunkte gelebter Volkskultur.

Die wie zu Kaisers Zeiten unveränderte Kaiservilla in Bad Ischl (unten). Der Vordere Gosausee mit Blick auf das Dachsteinmassiv, eine Kletterin am Laserer Alpin Steig (rechts oben).

Zauberhafte Kaiserstadt Bad Ischl

Der Aufstieg Bad Ischls begann damit, dass vor rund 200 Jahren der »Kammerguts-Sekundarphysikus« Doktor Josef Götz (1747–1839) hautkranke Salinenarbeiter mit Solebädern behandelte. Diese Therapie führte Doktor Wirer, ein Wiener Arzt mit Beziehungen zu höchsten Kreisen weiter – und schon war der Kurort Bad Ischl geboren. Als dann noch Kaiser Franz II./I. zur Kur anreiste und in seinem Gefolge Adelige aus halb Europa kamen, war der Aufstieg nicht mehr aufzuhalten. Die illustren Gäste badeten in der Sole, spazierten in Lederhose und handgenähten Schuhen, »Goiserer« genannt, umher und verbreiteten die Kunde vom Liebreiz der Gegend. Seinen ersten Höhepunkt erreichte der Ruhm des Salzkammerguts durch Erzherzog Franz Karl. In höchster Sorge um einen Thronfolger reiste er mit Gattin Sophie nach Bad Ischl, und diese gebar ihm – die Solebäder machten es möglich – drei Söhne. Einer dieser »Salzprinzen« war Franz Joseph, der spätere Kaiser. Er machte Bad Ischl zu seiner Sommerresidenz. Jahr für Jahr reiste Kaiser Franz Joseph mit seinem gesamten Hofstaat an, residierte in der »Kaiservilla« und ging zur Jagd. In seinem Gefolge kamen der Adel und zahlreiche Künstler, allen voran Franz Lehár, der in Ischl 24 Operetten komponierte, darunter *Die Lustige Witwe*, Johannes Brahms, Johann Strauss, Emmerich Kálmán und – natürlich, weil »Sisi« ja oft auf Reisen war, Katharina Schratt, die Herzensdame des Kaisers. Viele von ihnen ließen sich hübsche Villen errichten, trafen sich in der k.u.k. Hofzuckerbäckerei Zauner und auf der Promenade, besuchten Theaterabende und Konzerte und kurbelten das gesellschaftliche Leben an. So wurde Bad Ischl jeden Sommer zum Mittelpunkt der Monarchie. Dass der greise Kaiser 1914 an seinem Schreibtisch in der Kaiservilla das Ultimatum an Serbien unterschrieb, das den Ersten Weltkrieg und in weiterer Folge den Untergang der Monarchie auslöste, ist eine furchtbare Tatsache. Das romantische Flair von Bad Ischl hat sich aber trotzdem bis heute erhalten.

DER SCHAFBERG

Bergluft schnuppern und zugleich einen atemberaubenden Ausblick auf die vielen Seen und Berge des Salzkammerguts genießen lässt sich am Schafberg. Allein die Auffahrt von St. Wolfgang aus mit der Zahnradbahn, übrigens der steilsten Österreichs, ist ein Erlebnis. Die schon seit 1893 bergan führende knallrote Bahn überwindet auf ihrer knapp sechs Kilometer langen Fahrt 1190 Höhenmeter, und mit jedem einzelnen davon wird der Blick hinunter interessanter.

Hochaktuell: »Aktiv-Urlaub«

Der Charme der Nostalgie hat sich im Salzkammergut zwar bewahrt, der Anschluss an die Gegenwart ist aber trotzdem gelungen. Wo früher schon allein das Lied »Im Salzkammergut, da kann man gut lustig sein« Touristen anzog, lautet das Zauberwort heute »Aktiver Urlaub«. Das umfasst geführte Bergwanderungen und Klettertouren, Wandern für Junge und Junggebliebene, Ballonfahren und Gleitschirmfliegen, Radfahren, Mountainbiking und Wassersport samt Riverrafting und Kaltwasserduschen in der Gischt tiefer Klammen.
So unterschiedlich diese Aktivitäten sind, so unterschiedlich sind auch die Landschaften: Da ist das Ausseerland, das malerische Seenland des Flachgaus mit dem Mattsee und dem Obertrumer See, dann das Land um den Traunsee mit der wohlhabenden einstigen Salzhandels- und heutigen Kurstadt Gmunden, der Mondsee und der hinreißende Wolfgangsee mit den Operettenklänge wachrufenden Orten St. Wolfgang und St. Gilgen. Und, natürlich, der Attersee, das »Meer des Salzkammerguts«, das sich mit seiner riesigen Wasserfläche, dem faszinierenden Spiel der Farben von Türkis über Smaragd bis Blaugrün und den kalkweiß schimmernden Felswänden in seinem Süden in vollkommener landschaftlicher Schönheit präsentiert, jene kulturträchtige Landschaft, in der Gustav Klimt und Gustav Mahler ihre Sommer verbrachten.
Was alle diese Orte verbindet ist, dass Kulturverliebte in der Nähe alles finden, was ihr Herz begehrt. Neben den großartigen Salzburger Festspielen bietet das Bad Ischler Lehár Festival Operettenklassiker, hochkarätige Musikveranstaltungen, Jazz, Lesungen, Performances, Filme, und zeitgenössische Konzerte gibt es bei den Festwochen in Gmunden, und der Attergauer Kultursommer überzeugt mit seinem Mix aus Mozart über Oper zu Violinkonzerten.

Internationale Anerkennung

Kultur und Tradition des Salzkammerguts finden auch internationale Anerkennung. Die Europäische Union verlieh dem Salzkammergut mit Bad Ischl an der Spitze den Titel Kulturhauptstadt 2024. Die inneralpine Region mit rund 20 Gemeinden in Oberösterreich und der Steiermark setzte sich damit gegen St. Pölten und Dornbirn plus durch. Ziel des Titels ist es, den Reichtum und die Vielfalt der Kulturen Europas hervorzuheben und den Tourismus zu fördern. Gerade Letzteres ist für das gebietsweise schier überrannte Salzkammergut zwar problematisch, die Verantwortlichen setzen aber auf den Kulturtourismus als Gegenthese zum Massentourismus aus Asien.

WEITERE INFORMATIONEN

Schafbergbahn:
www.salzburg-bahnen.at/de/schafbergbahn.html

17 Geheimnisvolle Seen und stille Winkel – das Ausseerland

Eine Landschaft, idyllisch und archaisch

Die Berge imposant, und selbst der Himmel mit seinen schnell wechselnden Wolken und tiefblauen Fenstern ein aufregendes Schauspiel. Nur die Seen liegen ruhig und dunkel da. Oft schlagen ihre glasklaren Wellen an den Fuß einer schroffen Felswand. Oft vermischen sie sich mit der schäumenden Gischt eines herabstürzenden Wasserfalls. Und oft verbergen sie, tief unten auf ihrem Grund, große Geheimnisse.

Die beeindruckende Bergkulisse des Toten Gebirges und des Dachsteins im Hintergrund, das dunkle Grün der Wiesen, in denen im Frühjahr Narzissen wogen, und das tiefe Blau der Seen: Diese hinreißend schöne Landschaft macht das Ausseerland zu einem Sehnsuchtsort, und das schon lange.

Das Ausseer Becken ist eine kleine, feine Welt für sich. Die Orte Bad Aussee, Altausse und Grundlsee ziehen seit Mitte des 19. Jahrhunderts Literaten, Komponisten und Künstler an. Wie es der Schriftsteller Raoul Auernheimer (1876–1948) treffend beschrieb, machte das den Altausseer See zu einem »Tintenfass, in das die im Kreise herumsitzenden Dichter ihre Federkiele tauchten«.

Hauptort des Ausseerlandes ist der Sole-Kurort Bad Aussee. Er kam dank des Salzbergbaus bei Altaussee und den damit verbundenen Salinen schon früh zu Wohlstand. Heute ist es reizvoll, mit Fresken geschmückte Häuser und beschauliche Winkel zu entdecken und am Traunufer oder durch den Kurpark zu spazieren, in dem einst Salzpfannen dampften.

Die MS Rudolf, das größte und älteste Schiff der Grundlsee-Flotte (unten). Flache Holzschiffe, »Plätten« sind die traditionellen Boote des Salzkammerguts (rechts).

Idylle aus Fels und Wasser

Der sechs Kilometer entfernte Altausseer See fasziniert schon durch seine Umgebung. In seinem Osten ragt die schroffe Trisselwand auf, und seinen Hintergrund bildet der stolze Loser. Stellenweise reichen Wiesen bis ans Ufer mit alten Holzzillen, und vom See aus ist sogar der Dachsteingletscher zu sehen.

Der Ort Altaussee vermittelt trotz zahlreicher touristischer Neubauten – heute zieht er weniger Künstler an als betuchte Prominenz – gediegene, altertümliche Atmosphäre. Das liegt an den alten Holzhäusern, die oft eine hübsche Holzveranda besitzen, ein »Brückl«, und daran, dass die Menschen gerne Tracht tragen: Dirndl, »Gamslederne«, Leinenhemd und Ausseerhut. Tracht ist eine Tradition, die nicht extra gepflegt werden muss, weil sie zum täglichen Leben gehört. Im Ausseerland gibt es keinen Trachtenverein. Was es dagegen sehr wohl gibt, ist ein vielfältiges Kulturangebot – so auch im Salzbergwerk mit seiner Seebühne an einem unterirdischen See. Dort lagerten übrigens die Nationalsozialisten einst Tausende geraubte Kunstschätze und Juwelen ein, um sie vor den Alliierten zu verstecken.

Auch der Ort Grundlsee präsentiert sich liebevoll gepflegt. Im Unterschied zu Altaussee, wo der Salzbergbau früher bis zu 200 Bergleuten eine solide wirtschaftliche Basis bot, lebte die Bevölkerung lange nur von Land- und Forstwirtschaft und von der Fischerei. Wohlstand brachte erst der Tourismus, und der ist auch heute noch allgegenwärtig. Wie in Zeiten der guten alten Sommerfrische ist für Urlauber eine Bootsfahrt mit der »MS Traun« oder der »MS Rudolf« obligatorisch – oder ein Ausflug zum Toplitzsee.

Der geheimnisvollste See

Am Toplitzsee war 1942 die Marineversuchsanstalt eingerichtet, in der die Unterwassermine »Gibraltar-Spargel« getestet wurde, mit der die Nationalsozialisten die Festung Gibraltar sprengen wollten. Und hier ließ Hitler 1944 unzählige Kisten mit gefälschten Pfundnoten versenken, die im Konzentrationslager Ebensee für die Invasion in England hergestellt worden waren. Diese »Aktion Bernhard«, bei der angeblich auch der »Reichsschatz« versenkt worden sein soll, zog Spekulationen ohne Ende nach sich. Tatsächlich wurden Kisten mit Pfundnoten geborgen, mit denen die Nazis die britische Währung schwächen wollten. Das Rätsel um den Reichsschatz aber blieb weiterhin ungelöst.

TOPLITZSEE UND KAMMERSEE

Am Ufer des Toplitzsees erinnert ein Gedenkstein an ein historisches, überaus romantisches Ereignis. An dieser Stelle erblickte Erzherzog Johann, der für seine Volksnähe hochverehrte »Steirische Prinz«, Anreger und Motor für unzählige Neuerungen und Modernisierungen der Steiermark, am 19. Juli 1819 erstmals die Postmeisterstochter Anna Plochl. An Heirat war vorerst nicht zu denken. Kaiser Franz II./I., der Bruder des Erzherzogs, genehmigte sie erst acht Jahre später.

Vom Toplitzsee sind es nur ein paar Schritte zu dem kleinen, ruhig daliegenden Kammersee, aber sie lohnen sich. Hohe Bäume säumen das Ufer, umgestürzte und moosbewachsene Baumstämme liegen umher, die Felswände reichen bis ans Wasser, und unmittelbar gegenüber stürzt ein Wasserfall nieder: der Ursprung der Traun. Eine Szenerie, wie sie urwüchsiger, ungezähmter und wildromantischer nicht sein könnte.

Der Hintere Langbathsee bei Ebensee

Hallstatt, der Sehnsuchtsort aller Ostasiaten (oben). Weltberühmt: die bemalten Totenköpfe im Beinhaus der Michaelskapelle (rechts unten).

18 Kleinod zwischen Berg und See – Hallstatt

Der schönste Seeort der Welt

Die Häuser wie Schwalbennester am Berghang klebend, die Gässchen verträumt und verwinkelt und alles malerisch gespiegelt im Wasser des dunklen, geheimnisvollen Sees: Schon Alexander von Humboldt bezeichnete Hallstatt als schönsten Seeort der Welt. Inzwischen ist die lange in sanfter Idylle ruhende 800-Seelen-Gemeinde weltweit bekannt.

Hallstatt ist nicht nur einer der schönsten Orte Österreichs, es ist auch einer der ältesten. In der klimatisch unwirtlichen und eigentlich auch siedlungsfeindlichen Berggegend haben schon vor 7000 Jahren Menschen gelebt. Archäologische Funde beweisen, dass bereits in der Bronzezeit im Hochtal Salz abgebaut worden sein muss.

Das Hochtal wirkt auch heute noch mystisch, es verströmt mit seiner wilden Schönheit eine merkwürdige Magie. Seine Geheimnisse gibt es nur Schritt für Schritt preis. So tauchte 1734 die gut erhaltene Leiche eines Mannes auf, die das Salz mumifiziert hatte. Der »Mann im Salz« war ein Bergmann, der bei einem Grubenunglück im 1. Jahrtausend v. Chr. ums Leben gekommen war.

Eine archäologische Schatzkammer

1876 entdeckte der Bergwerksbeamte Johann Georg Ramsauer am Salzberg einen großen prähistorischen Friedhof. Dieses »Gräberfeld« erwies sich als archäologische Schatzkammer. Es gab Funde und Gegenstände preis, die auf regen Handel und damit einhergehenden Wohlstand schließen ließen. Grund genug für die Wissenschaft, die Kultur der Zeit um 850 bis 500 v. Chr. »Hallstattkultur« zu nennen.

Viele der spektakulären Funde aus über 2000 Gräbern sind im Welterbemuseum Hallstatt zu sehen.
Das Ortsbild von Hallstatt prägen zwei Kirchen: die jüngere protestantische, deren 51 Meter hoher Turm spitz in den Himmel ragt, und die höher gelegene, um 1505 errichtete katholische, die einen besonders schönen Marienaltar besitzt. In Hallstatt wie in vielen Bergbaugemeinden Österreichs fielen die Lehren Luthers auf fruchtbaren Boden. Während der Gegenreformation mussten viele Protestanten das Land verlassen. Erst durch das Toleranzpatent Josephs II. war ihnen die Religionsausübung wieder ermöglicht.
Eine Besonderheit des 1997 mit der umliegenden Region zum Welterbe ernannten Ortes ist der Karner. Der akute Platzmangel auf dem Friedhof erzwang ab 1600, dass die Gebeine nach zehn Jahren exhumiert wurden. Rund 1200 gebleichte, oft bemalte Totenschädel werden in der Krypta der St. Michaelskapelle aufbewahrt – eine rare morbide Sehenswürdigkeit.
Weniger gruselig ist ein Ausflug ins Schaubergwerk. Besucher gelangen in wenigen Minuten mit der Salzbergbahn hinauf in luftige Höhen. Oben ergibt sich von der 360 Meter hohen, frei schwebenden Aussichtsplattform des Hallstätter Skywalks ein atemberaubender Blick auf den Ort, den dunklen See und die majestätische Bergwelt. Unter Tage geht es in Stollen zum still ruhenden Salzsee, und dann – hurra! – dürfen alle über die 64 Meter lange hölzerne Rutsche in die Tiefe sausen.

Traumziel der Chinesen

In China kennt Hallstatt jeder, seit 2012 in der Provinz Guangdong der Ort eins zu eins nachgebaut wurde. Seither bedeutet Hallstatt für Chinesen ein Traumziel. Sie kommen schwer bepackt mit Kameras und Selfie-Sticks, laufen durch den Ort, schießen unzählige Fotos, benützen die Toilettenanlagen und reisen – glücklich – wieder ab. Zurück bleiben – viel weniger glücklich – die Einwohner von Hallstatt. Eine Million Besucher pro Jahr, und bereits über 20 000 Busse, das war einfach zu viel. Die Ausgabe begrenzter Zufahrtstickets für Busse wurde erwogen – da kam die Corona-Krise, und das Problem war gelöst. Einsam wurde es in Hallstatt trotzdem nicht. Endlich hatten Einheimische Gelegenheit, den Ort zu erkunden.

ZUM WALDBACHSTRUB

Ein wildromantisches Naturerlebnis verspricht der Wasserfall »Waldbachstrub«, der in einer gemütlichen Zwei-Stunden-Wanderung von Hallstatt-Lahn aus zu erreichen ist. Der Wasserfall wird aus den Wassern des Gosau- und des Hallstätter Gletschers gespeist, er stürzt über 90 Meter in die Tiefe. Der Aussichtsplatz beim Wasserfall ist schon lange beliebt. Von dort aus erfreuten sich schon Kaiser Franz Joseph und Sisi an den tosenden Wassermassen.
Genaue Wegbeschreibung:
www.bergwelten.at

Schon allein der Eingang zu der gigantischen Eishöhle fasziniert.

19 Glitzernde Wunder – Eisriesenwelt Werfen

Die größte Eishöhle der Erde

Die südlich von Salzburg im Tennengebirge gelegene Eisriesenwelt zählt zu den bedeutendsten Naturerscheinungen dieser Erde. Wer sie besucht, fühlt sich wie auf einen anderen Planeten versetzt, in eine fremde, faszinierende Welt der Farben und Formen, der Stille und der Schönheit. Er spürt den starken, kühlen Höhlenwind und verfällt in atemloses Staunen.

Die Welt der »Eisorgel« und des »Eiselefanten« erschließt sich nicht von selbst. Es gilt zuerst, die fünf Kilometer vom Salzachtal zum Besucherzentrum hinaufzufahren. Von dort sind es 20 Minuten Fußweg zur Gondelbahn, sie fährt 500 Meter hoch, dann heißt es noch einmal 20 Minuten marschieren. Und da ist es: das Eingangsportal der Eisriesenwelt.
Mit einer Karbidlampe bewaffnet geht es über Treppen durch riesige Hallen und verwinkelte Gänge zu den größten Eisfiguren, die ein Guide mittels entzündeter Magnesiumstreifen in fantastische Farben taucht. Im Gegensatz zu Tropfsteinen ändern sich die Eisfiguren von Jahr zu Jahr – ein raffiniertes Spiel der Natur, beeindruckend und unvergesslich. Kein Wunder, dass der englische Naturforscher und Naturfilmer Sir David Attenborough die Eisriesenwelt unter die »Great natural wonders of the world« reihte.

Burg Hohenwerfen

Einen Abstecher ist die Bilderbuchburg Hohenwerfen wert. Die gut 1000 Jahre alte Burg, einst weithin sichtbares Zeichen der Macht des Erzbischofs, beeindruckt gleich nach der Auffahrt mit dem Burglift mit einem atemberaubenden Rundblick in die Bergwelt des Pongau. Der Rundgang führt von der gruseligen Folterkammer über den Glockenturm bis zu den Vorführungen der Greifvögel des Landesfalkenhofes.

Im »Raum der Namen« sind die Namen all derer angeführt, die im KZ ums Leben kamen.

20 Traurig, aber wahr – KZ-Gedenkstätte Mauthausen

Ein internationaler Ort der Erinnerung

An die 190 000 Menschen aus 40 Nationen wurden in den Jahren zwischen 1938 und 1945 in den Konzentrationslagern Mauthausen und Gusen – 49 Außenstellen eingeschlossen – gefangen gehalten. Gut die Hälfte von ihnen, geschätzte 90 000 Menschen, überlebten die unmenschlichen Bedingungen, harte Arbeit, Hunger, Kälte und Misshandlungen nicht.

Auf dem Areal des größten Konzentrationslagers der Nationalsozialisten in Österreich befindet sich eine Mahn- und Gedenkstätte. Sie umfasst die zahlreichen baulichen Überreste mit Mauern, Wachtürmen, Baracken, Appellplatz und Tötungsstätten, den Steinbruch mit der »Todesstiege«, und weitere Bereiche des ehemaligen Lagers und den Denkmalbereich. In einem historischen Lagergebäude, dem ehemaligen »Krankenrevier«, erzählt eine Ausstellung die Geschichte des KZ Mauthausen und seiner Außenlager in vier Zeitabschnitten und auf drei inhaltlichen Ebenen. Besonders berührend ist der »Raum der Namen«. Im Kellergeschoss widmet sich eine Ausstellung dem Thema gezielter Massentötungen von Gefangenen.

Ziel der 1947 von der Republik Österreich eingerichteten Mahn- und Gedenkstätte ist es, das Wissen über die nationalsozialistischen Massenverbrechen zu erweitern und im öffentlichen Gedächtnis zu bewahren. Die unfassbar grauenhaften Ereignisse sollen auch zu einer Sensibilisierung führen – gegen nationalsozialistische Wiederbetätigung, gegen Antisemitismus, Rassismus, Diskriminierung von Minderheiten und Demokratiefeindlichkeit.

Weitere Informationen
KZ-Gedenkstätte Mauthausen
www.mauthausen-memorial.org

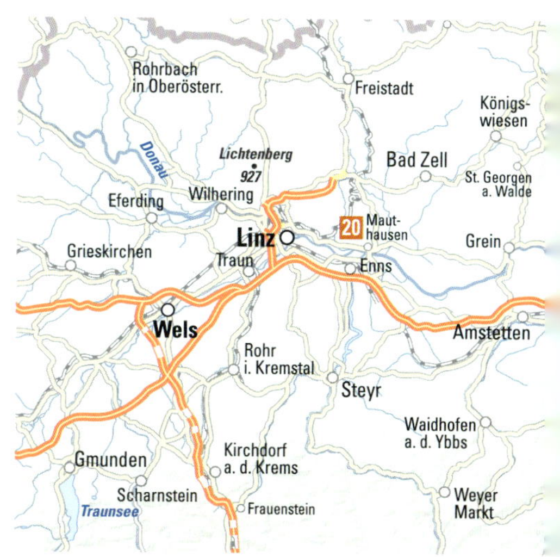

Die überaus beeindruckende Bibliothek des Stiftes Kremsmünster

21 Österreichs Klösterreich – Stifte rund um Linz

Barocke Pracht, so weit das Auge reicht

Österreich ist insgesamt reich mit Kunst- und Kulturschätzen gesegnet, in der landschaftlich reizvollen Umgebung von Linz aber sogar überreich. Dort reihen sich so viele Klöster, Stifte und Kirchen aneinander wie kaum anderswo. Es sind Orte der Andacht und der Stille, aber auch Paläste des Glaubens von »dröhnender Pracht«, in jedem Fall aber gigantische Schatztruhen, die uraltes Kulturgut bewahren.

Wer ein Herz für prachtvolle Kirchenräume und kostbare Kunstschätze hat, ist in der Umgebung von Linz richtig. Dort sind zahlreiche Klöster und Kirchen zu entdecken, die nicht nur Orte zum Beten und Fasten sind, sondern auch prunkvolle Juwele der Baukunst darstellen.

Kremsmünster ist mit Abstand die imposanteste Klosteranlage. Das mächtige, auf einer Terrasse über dem Kremstal thronende Benediktinerstift ist ein Klosterdistrikt mit sechs Höfen und riesigen Gärten. Begonnen hat alles 777 mit einem Jagdunfall. Gunther, der Sohn des Bayernherzogs Tassilo, war von einem wilden Eber angefallen und tödlich verletzt worden. Zum Andenken an seinen Sohn ließ der Herzog an dieser Stelle ein Benediktinerstift und das Gunthergrab errichten – so besagt es die Legende. Das Stift erlebte im Laufe der Zeit große Veränderungen. Die erste romanisch-gotische Stiftskirche wurde Ende des 17. Jahrhunderts mit üppigen Stuckarbeiten und Deckenfresken barockisiert, aus dieser Zeit stammt auch der Prälatenhof. Und dann, Mitte des 18. Jahrhunderts, entstand das erste Hochhaus Europas, der siebenstöckige »Mathematische Turm« mit Sternwarte. Herzstück des Stiftsgebäudes ist der Prälatentrakt, von dem aus man zur Kirche,

Stift St. Florian, eines der ältesten Stifte Österreichs (unten). Detail aus der Stiftskirche Schlierbach, einem Hauptwerk des österreichischen Barock (rechts oben). 230000 »lesbare Schätze« besitzt die Bibliothek des Stiftes Kremsmünster (rechts unten).

zu den Kunstsammlungen und zur Schatzkammer mit dem Tassilokelch kommt. Das rund 25 Zentimeter hohe Gefäß aus vergoldetem Kupfer soll anlässlich der Hochzeit von Tassilo mit Prinzessin Liutpirc gefertigt worden sein.
Im Kaisersaaltrakt befinden sich besonders prunkvolle Räume: der Wintersaal, das Kaiser- oder Gobelinzimmer und der über zwei Stockwerke reichende Kaisersaal. Das lang gezogene Gebäude nebenan beherbergt das Refektorium, die Sommerabtei und die Bibliothek mit über 100 000 Bänden.
Kremsmünster besitzt aber noch eine außergewöhnliche Sehenswürdigkeit: den prunkvollen, von Arkadengängen umgebenen Fischbehälter, dessen Mitte Brunnenfiguren zieren.

Gesamtkunstwerk St. Florian

Das Stift St. Florian ist eine Art barockes Gesamtkunstwerk. Seine Entstehung geht auf den heiligen Florian zurück, einen Beamten der römischen Provinz Noricum. Als ruchbar wurde, dass er dem christlichen Glauben angehörte, wurde er in der Enns ertränkt. Der mit einem Stein beschwerte Leichnam tauchte jedoch am Ufer wieder auf. An dieser Stelle entstand ein Wallfahrtsort und später ein Kloster.
Tatsächlich stammen die ältesten Mauerteile aus dem 4. Jahrhundert, später hat man an dieser Stelle eine romanische und eine gotische Kirche errichtet. Der große Aufschwung kam, als der Kaiser 1683 zum Dank für die Errettung von den Türken eine Wallfahrt zum Grab des heiligen Florian unternahm. Damals wurde Carlo A. Carlone (1635–1708) mit dem großzügigen Ausbau in barockem Stil beauftragt. Nach seinem Tod führte Jakob Prandtauer die Arbeiten zu Ende.
Die Stiftsbasilika ist vor allem für ihren Innenraum von »dröhnender Pracht« berühmt. Riesige Halbsäulen, hoch gelegene Fenster und die 36 Meter hohe Kuppel, überreicher Stuck und Fresken schaffen eine überwältigende Raumwirkung. Der Hochaltar aus rotem Salzburger Marmor ist als dreistöckiger Aufbau konzipiert. Prunkstück ist die große Orgel, auf der schon der junge Anton Bruckner (1824–1896) aufhorchen ließ. Der damalige Probst erkannte sein Talent und machte ihn zum Organisten. In der Nähe seines Lieblingsinstrumentes liegt der »Musikant Gottes« auch begraben: Sein Sarkophag steht in der Gruft unter der Orgel.
Die Stiftsgebäude sind um drei Höfe angeordnet. Der große Innenhof zählt zu den schönsten Barockensembles überhaupt. Berühmt ist die siebenachsige Freitreppe. Sie war das letzte Werk Carlones. Prandtauer vollendete das Werk, die beiden in den Kaisergang führenden Treppen gelten als sein Meisterwerk. Benutzt allerdings wurden sie nur selten. Zu den Kaiserzimmern stiegen nur zweimal gekrönte Häupter und ein Papst hinauf. Heute kommen viele Besucher, um in den Bruckner-Gedenkzimmern den bescheidenen Hausrat des Meisters zu besichtigen.
Im Südflügel erstreckt sich über das zweite und dritte Geschoss der große Marmorsaal, auch er ein Meisterwerk Prandtauers. Die mit pracht-

Der prachtvolle Marmorsaal im Stift St. Florian (unten). Detail aus der Stiftskirche Wilhering (rechts oben).

vollen Fresken geschmückte Stiftsbibliothek im Südflügel beherbergt wertvolle Schätze: 135 000 Bücher, mehr als 800 Inkunabeln und über 800 Handschriften, die bis ins 9. Jahrhundert zurückreichen.

Wilhering: die schönste Rokokokirche

Die schönste Rokokokirche Österreichs besitzt das Zisterzienserstift Wilhering. Die 1146 gegründete Kirche samt Kloster fiel 1733 einem Großbrand zum Opfer. Und das nicht durch Zufall: Ein Landarbeiter hatte ein zwölfjähriges Mädchen gezwungen, den Brand zu legen. Das Mädchen wurde als Brandstifterin entdeckt und wäre beinahe auf dem Scheiterhaufen gelandet, da kam die Wahrheit ans Licht, und nicht das Kind, sondern der wahre Brandstifter endete in den Flammen.

Beim Wiederaufbau geriet die Kirche zu einem architektonischen Juwel. Die Architektur des Wiener Theateringenieurs Andrea Altomonte (1699–1780) bewirkte, dass sie weniger zu einem ernsten Gotteshaus als zu einem heiteren Festsaal wurde. Diesen Eindruck verstärken die rund 800 fröhlichen, in Stuck gearbeiteten oder gemalten Engel, die den Innenraum bevölkern, die Altarblätter von Martino Altomonte (1657–1745) und die Deckengemälde von dessen Sohn Bartolomeo Altomonte (1694–1783).

Schlierbach: Barock und Käse

Das Zisterzienserstift Schlierbach blickt auf eine wechselhafte Geschichte wie kaum ein anderes zurück. Im 14. Jahrhundert als Frauenkloster gegründet, wechselte es zu Beginn des 17. Jahrhunderts das Geschlecht und wurde zu einem Männerkloster. Die große Architektenfamilie Carlone verschönte es später mit üppigem Barock.

So bescheiden das Stift von außen auch wirkt, so sehr überrascht es im Inneren. Die um 1700 ausgestaltete Kirche gilt mir ihrem üppigen Stuckschmuck als Hauptwerk österreichischen Barocks. Die Stuckaturen beschränken sich nicht nur auf Girlanden, Putten und Blattwerk, sie umfassen auch überlebensgroße Figuren. Auch der Hochaltar ist eine Pracht: An seinem dreistöckigen Aufbau schrauben sich gedrehte vergoldete Säulen himmelwärts.

Was das Kloster heute bekannt macht, sind jedoch die köstlichen Produkte seiner Käserei. Höchst erfolgreich ist auch die Glasmalereiwerkstätte. Sie hat schon Glasfenster für die Verkündigungskirche in Nazareth oder die Europakapelle in Brüssel produziert.

PÖSTLINGBERG

Angesichts der vielen Stifte mit ihren atemberaubenden Kirchenschätzen darf der Pöstlingberg nicht vergessen werden. 539 Meter hoch und gekrönt von der schönen barocken Wallfahrtskirche, überragt er in Linz das linke Donauufer. Mit der Pöstlingbergbahn geht es auf den Hausberg der Linzer, und dort erwarten Ausflügler die Aussichtsplattform, eine Grottenbahn, der Rosengarten, in dem im Sommer Kultur-Events stattfinden, ein Waldspielplatz für die Kleinen und, etwas weiter unten, ein Zoo mit 800 Tieren.

WEITERE INFORMATIONEN

www.linzag.at/poestlingberg

Der Zusammenfluss von Steyr und Enns, die vielen Brücken und die vollständig erhaltene Altstadt machen Steyr zur Romantikstadt (oben). Am Hauptplatz reiht sich ein prachtvolles altes Bürger- oder Handelshaus mit liebevoll gepflegter Fassade an das andere (rechts unten).

22 Zauberhaftes Altstadtjuwel – Steyr

Eine ganze Stadt zum Bummeln und Flanieren

Die Romantikstadt, so wird Steyr liebevoll genannt, und das zu Recht: Bewacht von Schloss Lamberg, der einstigen Styraburg, der die Stadt ihre Gründung im Jahr 980 n. Chr. verdankt, liegt Steyr genau am Zusammenfluss der Flüsse Steyr und Enns. Mit Wehranlagen, insgesamt 119 Brücken und Stegen, dem wunderschönen Stadtplatz und dem revitalisierten Stadtteil Steyrdorf ist es ein lupenreines Altstadtjuwel.

Schon die Lage ist etwas ganz Besonderes: Steyr ist eine von nur neun Städten in Europa, die genau am Zusammenfluss zweier Flüsse liegen. Tatsächlich bestimmten die beiden Flüsse Enns und Steyr über Jahrhunderte die Entwicklung der Stadt. Die Verkehrswege über das Wasser waren es auch, die Steyr schon früh Wohlstand brachten.

Floriert hat vor allem der Handel mit Eisen vom Erzberg. Das kostbare Gut kam mit Flößen auf dem Wasserweg. Dann rollten schwer mit Eisen beladene Wagen in Richtung Süden und brachten auf dem Rückweg Wein, Gewürze und Seide. Steyr war eine der Städte, die in Venedig in der »Fondaco dei Tedeschi« (»Lagerhaus der Deutschen«) einen Handelssitz unterhielten. Auch das rechnete sich. So konnten es sich die Kaufleute leisten, schöne Häuser zu bauen.

Bürger- und Handelshäuser aus Gotik und Renaissance reihen sich auch heute noch neben dem Rokoko-Rathaus um den Stadtplatz von Steyr. Da die Steuern nach der Breite der Fassade berechnet wurden, baute man schmale, weit nach hinten gezogene Häuser. Viele wurden nach dem Großbrand von 1727 barockisiert und aufgestockt. Heute präsentieren sie sich liebevoll gepflegt und denkmalgeschützt. Es ist daher das reine Vergnügen, von einem Haus

mit wunderbarer Fassade zum nächsten zu spazieren, in einem der »Schanigärten« eine Erfrischung zu nehmen und in aller Ruhe die einzigartige Atmosphäre zu genießen.

Löwe oder Hund?

Das »Bummerlhaus« am Hauptplatz ist das Wahrzeichen der Stadt. Seinen Namen verdankt es einer interessanten Geschichte: Einer der ersten Besitzer war ein reicher Kaufmann namens Brandstätter. Bei ihm nahm Kaiser Maximilian eine Anleihe. Zurückzahlen konnte der hoch verschuldete Kaiser zwar nie, er revanchierte sich aber, indem er seinen Geldgeber in den Adelsstand erhob und ihm erlaubte, ein Wappen mit einem Markuslöwen zu führen. Später wurde aus dem Gebäude das Gasthaus Zum Goldenen Löwen. Weil der Löwe aber gar nicht aussieht wie ein König der Wüste, sondern eher wie ein »Bummerl«, ein Hündchen, heißt das Haus »Bummerlhaus«. Steyr war im Mittelalter nicht nur eine florierende Handelsstadt, es war auch ein Zentrum der Eisenverarbeitung. Als Josef Werndl (1831–1889) im 19. Jahrhundert das Hinterladergewehr konstruierte und serienmäßig produzierte, stieg Steyr zur Waffenschmiede Europas auf. Aus Werndls Steyrer-Werken entwickelten sich die Steyrer-Daimler-Puch AG und Steyrer-Mannlicher. Heute sind die Nachfolger der Steyr Werke aktiv, Weltmarktführer wie ZF, Steyr Motors, Magna Steyr, SKF, NKF, BMW und CNH. MAN allerdings zeigt Abwanderungs-Tendenzen – das gefährdet 2300 Existenzen.

Bruckner und Schubert waren da

Das an Schönheit und Kultur interessierte Steyr hat immer auch Künstler angezogen. Anton Bruckner (1824–1896) kam immer wieder gerne, um auf seiner geliebten Chrismann-Orgel in der Stadtpfarrkirche zu spielen. Er komponierte in Steyr seine 8. und Teile seiner 9. Symphonie. Franz Schubert (1797–1828) kam drei Mal. Aus seinen Tagebüchern geht hervor, dass er sich in der Stadt sehr wohl gefühlt hat. Berühmt ist sein Brief an einen Freund: »Ich wohne hier bei einem gewissen Dr. Schellmann. Im Haus wohnen auch acht Mädchen, beinahe alle hübsch. Du siehst, dass ich zu tun habe.« Schuberts *Forellenquintett* wurde 1819 in einem Haus am Stadtplatz uraufgeführt.

HISTORISCHE EISENBAHN

Freunde nostalgischer Eisenbahnen sollten auf keinen Fall eine Fahrt mit der ältesten Schmalspurbahn Österreichs versäumen. Die von einem richtigen alten Dampfross gezogene Steyrtal Museumsbahn passiert mit ihren liebevoll restaurierten Waggons auf der 17 Kilometer langen Strecke von Grünburg nach Steyr die wildromantische Auenlandschaft des Steyr-Flusses. Die Fahrzeit beträgt rund eine Stunde.

WEITERE INFORMATIONEN

www.steyrtalbahn.at

Im Linzer Hafen schmücken über 300 zum Teil überdimensionale Graffitis die Fassaden (oben). Die Dreifaltigkeitssäule in der Mitte des Stadtplatzes (rechts oben). Das ultramoderne Kunstmuseum Lentos (rechts unten).

23 Auf in die Zukunft – Linz

Eine Stadt lebt auf

»In Linz beginnt's« – so lautete 1974 der offizielle Werbeslogan für die oberösterreichische Landeshauptstadt. Der visionäre Spruch wurde längst von der Realität eingeholt. Kaum einer anderen Stadt gelang ein vergleichbarer Imagewandel wie Linz. Es entwickelte sich von einer Wirtschafts- und Industriestadt zu einem hochinteressanten Kulturzentrum mit Schwerpunkt Innovation und Zukunftsorientiertheit.

Von der Staubwolke zur Klangwolke: Das staubige, provinzielle, lange von Eisen, Stahl und Chemie geprägte Linz mit schlechter Luft hat sich in den letzten Jahren rasant verändert. Linz ist mit nahezu 12 000 aktiven Betrieben und mehr als 200 000 Arbeitsplätzen zwar auch heute noch Österreichs zweitgrößter Wirtschaftsraum, die Stadt der rauchenden Schlote hat sich darüber hinaus aber auch zur Stadt der rauchenden Köpfe gemausert. In Linz werden heute mehr innovative und zukunftsorientierte Projekte entwickelt als irgendwo sonst in Österreich. Es gilt als hohes Ziel, Forschungs- und Entwicklungsprojekte mit höchstem Gestaltungsanspruch zu erarbeiten.

Gemütliche Altstadt

Die Linzer Innenstadt verströmt noch das gediegene Flair einer historischen Stadt. Ihren Mittelpunkt bildet der Hauptplatz, er ist mit 220 Metern Länge und 60 Metern Breite Österreichs größter mittelalterlicher Stadtplatz. Die Dreifaltigkeitssäule in der Mitte, das Rathaus aus dem 17. Jahrhundert, der neue Dom, der alte Dom mit der Brucknerorgel, die Stadtpfarrkirche, die hübsch im Rokokostil ausgestattete Minoritenkirche und daneben die weitläufige Renaissance-Anlage des Landhauses, das sind die historischen Sehenswürdigkeiten der Stadt. Zum Shoppen, Bummeln und Verkosten kulinarischer Spezialitäten laden auf der Landstraße

kunstmuseum lentos

und in den Seitenstraßen Geschäfte, Boutiquen, Cafés und Restaurants ein.
Einen starken Kontrast zur gemütlichen Altstadt und einen Vorgriff auf künftige urbane Entwicklungen bilden das von dem Finnen Heikki Sirén (1918–2013) entworfene Brucknerhaus an der Donau und das ultramoderne Kunstmuseum Lentos der Züricher Architekten Weber & Hofer. Das von den Linzern oft liebevoll-respektlos »Schweizer Kiste« genannte Bauwerk am Donauufer besticht durch seine Klarheit. Das lichtdurchflutete Obergeschoss beherbergt auf einer Fläche von 1600 Quadratmetern elf Räume für die ständige Sammlung und zusätzlich einen großen Sonderausstellungsraum. Wie aus dem übrigen Baukörper herausgeschnitten wirkt die 60 Meter lange Vorhalle, durch die man im Erdgeschoss ins Foyer, in den Kassen- und Shopbereich, in das Auditorium mit 250 Sitzplätzen und den Saal für Museumspädagogik gelangt. An der Westseite des Erdgeschosses befindet sich ein elegantes Café-Restaurant mit Aussichtsterrasse.

Stahl in allen seinen unterschiedlichsten und oft spektakulären Formen zeigen die Linzer Stahlwelten (unten). Die graue Industriestadt Linz hat sich zu einer lebenswerten Kulturmetropole entwickelt (rechts).

Die Zukunft hat schon begonnen

Das Ars Electronica Center im Stadtteil Urfahr am nördlichen Donauufer entwickelte sich mit seinen virtuellen Welten zum Vorreiter und zum europaweit anerkannten Kompetenzzentrum in Sachen Medienkunst. Im Museum der Zukunft können Besucher neueste Technologien und Medienentwicklungen studieren und ausprobieren. Allein das Futurelab besitzt 750 Quadratmeter Computerarbeitsplätze, Werkstätten und Büroräume. Dort gibt es die Möglichkeit, Forschungs- und Entwicklungsprojekte mit höchstem Gestaltungs- und Innovationsanspruch zu realisieren. Bei dem alljährlich stattfindenden Avantgarde-Festival Ars Electronica, einem der weltweit bedeutendsten Ereignisse auf dem Feld der digitalen Künste und Technologien, werden die Gewinner des Prix Ars Electronica prämiert und die ausgezeichneten Arbeiten ausgestellt. Einen Vorgeschmack auf die Zukunft gibt auch die Linzer Klangwolke – ein faszinierender Versuch, Musik mit moderner Technik durch Licht sichtbar zu machen. Aber das waren nur einige der Voraussetzungen dafür, dass Linz 2009 zu Europas Kulturhauptstadt wurde.

Kultur wird großgeschrieben

Kultur gibt auch in vielen anderen Bereichen von Linz den Ton an. Am Schlossberg bietet das Schlossmuseum eine gelungene Mischung aus historischer und moderner Architektur. Auf 18 000 Quadratmetern finden Dauer- und Großausstellungen Platz, die sich der Natur-, Kultur- und Technikgeschichte Oberösterreichs widmen. Für hitzige Diskussionen sorgt zurzeit das Projekt, den Schlossberg per Lift und großer Rolltreppe zu erschließen. So interessant es auch klingt, Zustimmung von offizieller Seite ist noch keine erfolgt.
Das OÖ Kulturquartier ist ein Gebäudekomplex, der das Landeskulturzentrum Ursulinenhof und das Offene Kulturhaus (OK) Linz verbindet. Es umfasst Kunstsammlungen des Landes, ein Programmkino und diverse Gastronomiebetriebe. Ausstellungen und Events sind ein zusätzlicher Anreiz. Ein Platz für zeitgenössische Kunst, aktuelle Strömungen und experimentierfreudige Regionalkultur ist das OK, dort finden auch internationale Festivals wie das Crossing Europe Filmfestival statt.

Eine ganz andere Art von Kultur hat sich im Linzer Hafen etabliert. Wo große Lagerhallen, Kräne und Container die drei großen Wasserbecken des Hafens säumen, ist im Mural Harbour das trostlose Grau zu einem echten Farbenrausch erblüht. 300 zum Teil überdimensionale Graffitis von Künstlern aus 30 Nationen schmücken die Fassaden alter Industriebauten, das ist Europas größte Galerie für Graffiti und Muralismo. Besucher, die an einer Führung teilnehmen, dürfen zum Schluss sogar selbst zur Dose greifen und das Sprayen üben.

Lebensqualität

Lebensqualität hat in Linz generell einen hohen Stellenwert. Abgesehen von dem riesigen Kulturangebot gibt es auch unzählige Möglichkeiten zur Freizeitgestaltung. So lassen sich an der Donau Mußestunden im Café genießen, das Donauufer eignet sich aber auch perfekt zum Joggen oder Spazierengehen. Und auf den Pöstlingberg mit seiner Erlebniswelt für Groß und Klein ist es nicht weit.
Für Erholung und Entspannung sorgt auch die weitere Umgebung. Das grüne, hügelige Mühlviertel, das im Norden bis zu den Ausläufern des Böhmerwaldes reicht, ist eine reizvolle, natürlich gebliebene Landschaft mit ausgedehnten Wiesen, Wäldern und Feldern. Der Dichter Adalbert Stifter hat diese Landschaft mit ihrem charakteristischen Duft nach Harz und Tannennadeln, mit ihren Seen und murmelnden Bächen, ihren geheimnisvollen Steinen und Mooren immer wieder gerühmt. Tatsächlich ist sie auch heute noch ein Refugium für Städter, die zur Erholung weder All-inclusive-Angebote noch Animation brauchen.
Ganz anders präsentiert sich die Landschaft im Westen von Linz. Dort liegen die Seen des Salzkammerguts. Eine knappe Stunde Autofahrt, und die Großstädter können sich an den traumhaft schönen Ufern von Attersee, Traunsee oder Mondsee erholen. Und südlich von Linz wird es überhaupt wildromantisch. Dort liegt der Nationalpark Kalkalpen, in dem man herrliche Wanderungen unternehmen und an der Eisenstraße mit ihren zahlreichen alten Schmieden uralte Industrieanlagen erkunden kann.

VOESTALPINE STAHLWELT

Stahl in unterschiedlichsten Formen und dazu sphärische Klänge, Lichtspiegelungen und Exponate zum Angreifen bietet die voestalpine Stahlwelt. Nach der spannenden Ausstellung geht es bei der Werkstour mit Multimedia-Bussen direkt auf das Werksgelände, wo sich die Stahlproduktion hautnah erleben lässt. Voraussetzung für den Besuch bei den Stahlkochern ist festes Schuhwerk, unempfindliche Kleidung und körperliche Fitness, denn es müssen mehrere lange Treppen überwunden werden. Für Kinder unter sechs Jahren ist die Teilnahme aus Sicherheitsgründen nicht erlaubt.

WEITERE INFORMATIONEN

www.voestalpine.com/stahlwelt

Graz und die Steiermark

Das grüne Herz Österreichs

Die Steiermark: eine wunderbare Mischung aus ungezähmter Natur (links), alter Technik (oben) und Lebensraum unzähliger Tiere (unten).

Der Uhrturm, das Wahrzeichen von Graz

Toureninfo

Start: Semmering
Ziel: Mariazell–Grüner See–Gesäuse–Graz–Thermenland–Riegersburg–Südsteirische Weinstraße
Länge: 420 km
Dauer: 14 Tage
Beste Reisezeit: Sommer, Herbst
Sehenswertes: Für Graz sind unbedingt mehrere Tage einzuplanen. In der Altstadt warten unendlich viele hinreißende Winkel darauf, entdeckt zu werden.
Unterkunft: Das mit Antiquitäten und moderner Kunst überreich ausgestattete Schlossberghotel in der Grazer Innenstadt ist die erste Adresse für Graz-Besucher, die das Besondere schätzen.

Weitere Infos

In der Südsteiermark verläuft in der Umgebung von Leutschach eine Weinstraße direkt an der Staatsgrenze zwischen Österreich und Slowenien. In Glanz symbolisiert der Grenztisch mit seinen symmetrisch angeordneten Sitzgelegenheiten die Verbindung zwischen den beiden Staaten.

Ins grüne Herz Österreichs

Zu Burgen, Hexen und zum Wein

Tiefgrüne Wälder, gischtiges Wildwasser und hohe Berge, das ist die eine, die nördliche Seite der Steiermark. Diese Tour führt aber auch in ganz andere Regionen: in ein Hügelland voll Anmut und Liebreiz, zu traumhaften Thermen, sagenhaften Burgen und brutal verfolgten Hexen. Und in die Weingegend, die so südlich wirkt, dass sie die steirische Toskana genannt wird.

Eine der Möglichkeiten, um von Wien in die Steiermark zu gelangen, ist die mit einer Serie von Tunneln gut ausgebaute Semmering-Schnellstraße. Diese Strecke ist die schnellste, aber bei Weitem nicht die schönste. Die alte Bundesstraße hingegen führt in Kurven über die Passhöhe, das dauert zwar länger, ist den Zeitverlust aber allemal wert. Der 24 **Semmering** mit seinen steilen Kalkwänden und zerklüfteten Felsen war um die Jahrhundertwende der »Zauberberg« der mondänen Gesellschaft. An diese elegante Zeit erinnern auch heute noch riesige Hotelpaläste und wunderschöne Villen. Sehenswert ist auch die Trasse der Semmeringbahn, mit doppelstöckigen Viadukten, Brücken und Tunneln ein Meisterwerk der Ingenieurskunst und seit 1998 Weltkulturerbe.
Von Mürzzuschlag sind es 50 Kilometer durch eine waldreiche, bergige Gegend nach 25 **Mariazell,** zur beeindruckenden Basilika der Gnadenmutter. Die Magna Mater Austriae ist jedes Jahr Ziel Tausender Pilger, die zu Fuß aus allen Himmelsrichtungen kommen. Vom Gnadenort ist es nicht weit zum 26 **Grünen See,** dem schillernden Naturjuwel, das durch seine sensationellen Farbschattierungen fasziniert.

Wildes Wasser und heiße Quellen

Höchst spektakuläre Naturschönheit bietet das 16 Kilometer lange 27 **Gesäuse,** der Durchbruch der Enns durch die Ennstaler Alpen. Wild schäumendes Wasser und schroffe Felswände machen dieses Tal zu einem Paradies für Bergsteiger und Kletterer, Wanderer und Wildwasser-Fans.
Wasser in ganz anderer Form lässt sich im Südosten der Steiermark genießen. Im 29 **Thermenland** laden heiße Quellen zum Ein- und Abtauchen ein. Eine ganze Reihe von Thermalbädern haben sich zu Zentren der Wellness und des Wohlfühlens entwickelt. Und das in einem malerischen Hügelland, das riesige Obstplantagen zum »Garten Österreichs« machen. Steil und imposant ragt über die Hügel weithin sichtbar der mächtige Basaltfelsen hoch, auf dem die 30 **Riegersburg** thront, einst eine unüberwindliche Festung, in Zeiten der Türkenkriege die größte »Trutzburg« der Christenheit. Sie zu besuchen, ist wie eine Reise ins Mittelalter, gruselige Schauer inklusive, denn die Umgebung der Burg war einst Schauplatz grausamer Hexenverfolgungen.

Zauberhaftes Graz

Jede Menge zu entdecken gibt es in der Landeshauptstadt 28 **Graz.** Die zu Füßen des Schlossbergs gelegene Stadt entzückt schon allein durch ihr südliches Flair. Dazu kommt aber noch, dass kaum eine andere Stadt so viele unterschiedliche Facetten auf engem Raum zu bieten hat. In der größten erhaltenen Altstadt Mitteleuropas finden sich mittelalterliche Häuser, Gässchen und Plätze und daneben futuristische Architektur, denn als Kulturhauptstadt 2003 hob Graz in Richtung Zukunft ab.
Nur rund 50 Kilometer südlich von Graz liegt das erklärte Traumziel für Weinliebhaber: die 31 **steirische Toskana,** eine Landschaft von atemberaubender Schönheit. Was sie so einzigartig macht, sind die nahezu senkrecht abfallenden Steilhänge und darauf die schnurgeraden Reihen der Rebstöcke. Besonders reizvoll ist diese Gegend im Herbst, wenn sie nach Trauben duftet und zarte weiße Nebelbänke über den Hügeln liegen und sie verzaubern.

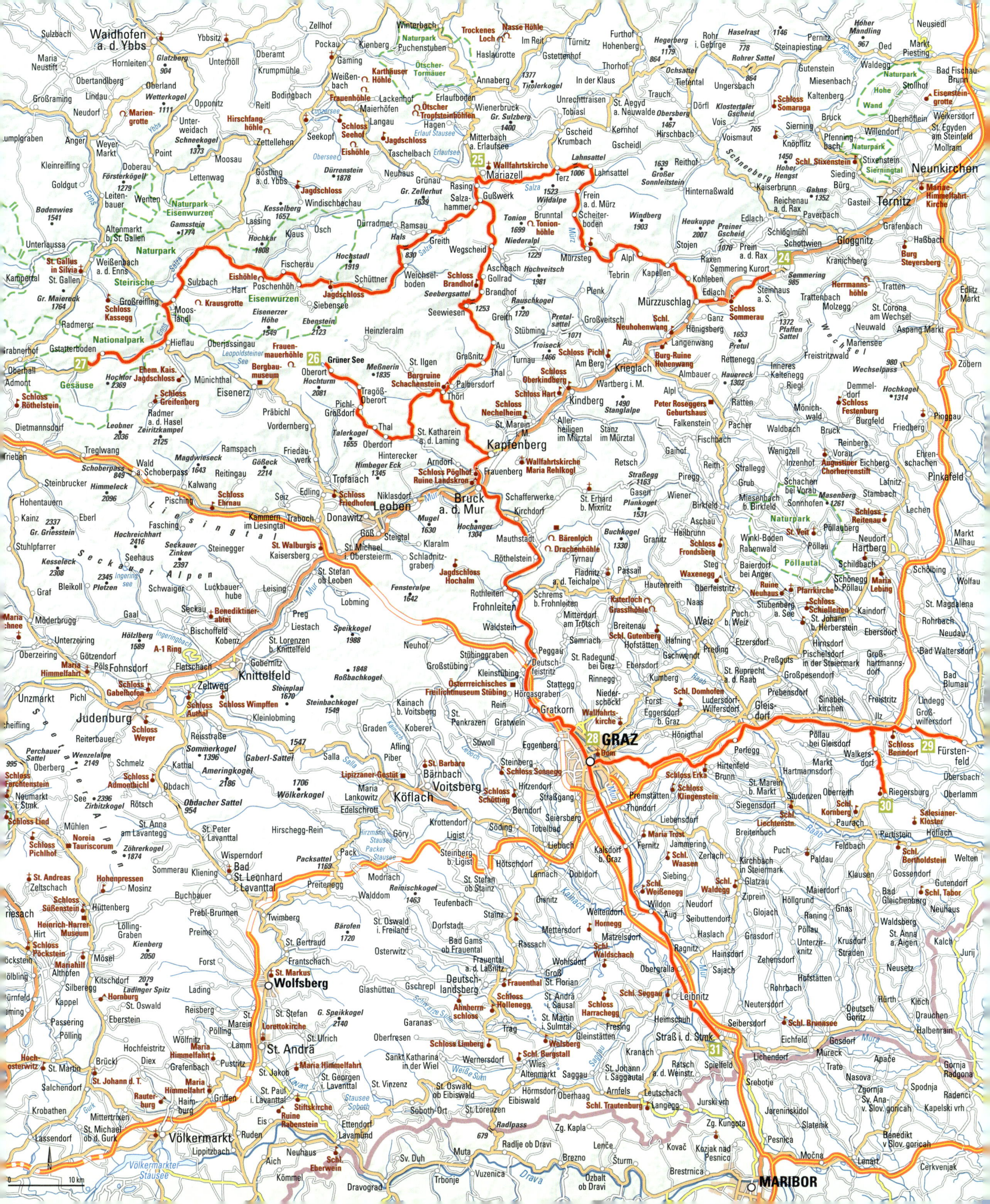

Waidhofen a. d. Ybbs
Mariazell
Neunkirchen
Ternitz
Gloggnitz
Semmering Kurort
Mürzzuschlag
Krieglach
Kindberg
Kapfenberg
Bruck a. d. Mur
Leoben
Trofaiach
Eisenerz
Knittelfeld
Judenburg
Zeltweg
Fohnsdorf
Voitsberg
Köflach
Gratkorn
GRAZ
Gleisdorf
Fürstenfeld
Hartberg
Pinkafeld
Weiz
Wolfsberg
St. Andrä
Völkermarkt
Bad St. Leonhard i. Lavanttal
Deutschlandsberg
Leibnitz
Bad Radkersburg
MARIBOR
Nationalpark
Gesäuse
Grüner See
Naturpark Eisenwurzen
Naturpark Pöllauta
24
25
26
27
28
29
30
31
0
10 km

Den einst unzugänglichen Pass erschloss ab 1848 die genial geplante Semmeringbahn, heute Weltkulturerbe (oben). Das Hotel Panhans, einst eines der Grandhotels des Fin de Siècle, heute ein Traditionshotel (rechts unten).

24 Märchenhafter Zauberberg – Semmering

Treffpunkt der mondänen Jahrhundertwende

Mit seinen zerklüfteten Felsen und wilden Schluchten einst ein unzugänglicher, nur schwer passierbarer Pass, entwickelte sich der Semmering ab Ende des 19. Jahrhunderts zu einem beliebten Treffpunkt der noblen Fin-de-Siècle-Gesellschaft. Prominente, Intellektuelle und Künstler logierten in eleganten Villen, Luxusherbergen und regelrechten Palasthotels. Prominente, Intellektuelle und Künstler logierten auf dem romantischen Zauberberg in eleganten Villen, Luxusherbergen und regelrechten Palasthotels.

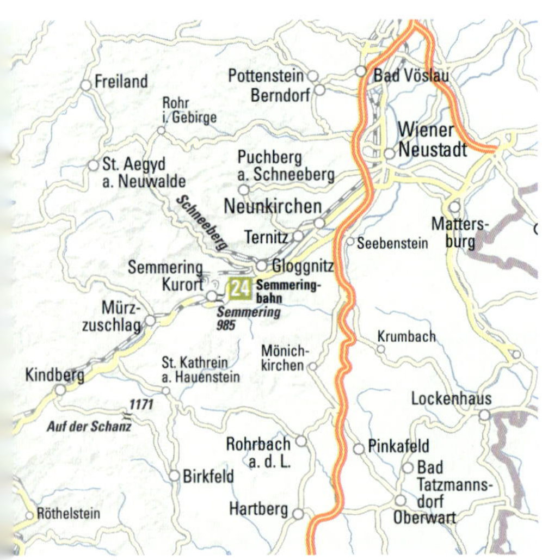

Mit seinen steilen Kalkwänden und zerklüfteten Felsen wirkt der Semmering romantisch und liebenswert. Nur 90 Kilometer von Wien entfernt, erhebt er sich nach der langen Ebene des Wiener Beckens wie ein zarter Vorgeschmack auf raue Gebirgswelten. Ein Pass im Taschenbuchformat, leicht zu überwinden. Das war nicht immer so.

Der Semmering galt lange als wild und gefährlich. Bis weit ins 19. Jahrhundert forderten seine Steigungen allen Reisenden gewaltige Strapazen ab. Für den Warenverkehr von Wien in den Süden mussten oft weite Umwege in Kauf genommen werden. Abhilfe brachte um 1840 der Bau der alten Semmeringstraße, an dem zeitweise bis zu 2500 Arbeiter beteiligt waren. Und dann kam, als große Konkurrentin der Straße, die Bahn.

Die Semmeringbahn

Nach den genialen Plänen des Carl Ritter von Ghega (1802–1860) wurde ab 1848 die Bahnstrecke zwischen Gloggnitz und Mürzzuschlag gebaut. Sie geriet zu einem Meisterstück der Ingenieurskunst. Die 41 Kilometer lange Trasse, damals die erste große Gebirgsbahn Europas, wurde mit 16 teils mehrstöckigen Viadukten, 15 Tunnels, 142 Hochbauten, 129 kühn ge-

spannte Brücken und Stützmauern in nur sechs Jahren Bauzeit errichtet. Seit 1998 ist sie in die Liste des UNESCO-Weltkulturerbes eingetragen. Die Eröffnung der Bahnlinie bewirkte, dass der Semmering Ende des 19. Jahrhunderts als leicht erreichbare Sommerfrische entdeckt wurde. Die alpine Kulisse und die würzige Höhenluft zog die mondäne Gesellschaft des Fin de Siècle geradezu magisch an. Wer in Kultur oder Wirtschaft Rang und Namen hatte, reiste an.

Mondäne Sommerfrische

Für die noble Gesellschaft wurden auch noble Unterkünfte benötigt. In Rekordzeit entstanden pompöse Villen, Luxusherbergen und riesige Hotelpaläste wie das Südbahnhotel, das Panhans, das Kurhaus Semmering oder das Erzherzog Johann auf der Passhöhe. Zu den adeligen Gästen gesellte sich bald die sogenannte »Zweite Gesellschaft«, der Industrie- und Geldadel, und dann kamen auch noch Künstler, Schriftsteller, Schauspieler und Regisseure. Ihre Liste ist unendlich lang, sie liest sich fast wie ein Who's who der intellektuellen und fashionablen Wiener Gesellschaft: Oskar Kokoschka und Alma Mahler-Werfel, Adolf Loos, Peter Altenberg, Karl Kraus, Arthur Schnitzler, Gerhart Hauptmann, Otto Wagner, sie alle waren da. In den Jahren bis zum Ersten Weltkrieg und dann auch noch in der Zwischenkriegszeit.

Der Semmering bot seinen illustren Gästen nicht nur elegante Unterkünfte, sondern auch Unterhaltung. So wurde 1899 das erste Semmering-Bergrennen abgehalten, eine Motorsportveranstaltung über zehn Kilometer. Es erfreute sich so großer Beliebtheit, dass es bis 1933 zu einem jährlichen Fixpunkt wurde. Als Sieger wurden Größen wie Rudolf Caracciola und Hans Stuck gekürt. Legendär waren auch die großen Schachturniere, die in den 1920er- und 1930er-Jahren auf dem Semmering ausgetragen wurden. Zum Spiel der Könige reisten immerhin Koryphäen wie die Schachweltmeister Alexander Aljechin und José Raúl Capablanca an. Heute ist der Glanz der alten Zeiten verblasst. Die pompösen Hotelpaläste stehen zum Teil leer, zum Teil kämpfen sie mit wirtschaftlichen Problemen. Als Skigebiet allerdings erfreut sich der Semmering großer Beliebtheit. Und im Sommer kommen die Wanderer.

DER BAHNWANDERWEG

Eine wunderschöne und gar nicht beschwerliche Wanderstrecke ist der Bahnwanderweg Semmering. Er beginnt beim Bahnhof Semmering und führt, begleitet von Aussichtspunkten und Informationstafeln, entlang des Bahnkörpers zum Bahnhof Breitenstein. Bei der Doppelreiter Aussichtswarte bietet sich der Panoramablick auf die beeindruckenden Viadukte und Tunnels mit Rax und Schneeberg im Hintergrund. Hier sind Züge auf ihrer Fahrt über das imposanteste Bauwerk der Ghegabahn, die »Kalte Rinne«, zu sehen. Einer der Höhepunkte ist der nach dem Motiv der alten 20-Schilling-Banknote benannte »20-Schilling-Blick«. Wer Zeit und Lust hat, kann bis Payerbach weitermarschieren. Züge für die Rückfahrt gibt es immer.

Die Basilika von Mariazell: jedes Jahr Ziel von Pilgern aus Nah und Fern (oben). Der Gnadenaltar mit der Muttergottesstatue. Die Silbergitter spendete Maria Theresia (rechts unten).

25 Berühmter Gnadenort – Mariazell

Die Magna Mater Austriae ist Ziel unzähliger Wallfahrten

Es sind Hunderte, Tausende, Zehntausende, die im Laufe der Jahrhunderte nach Mariazell kamen und immer noch kommen. Singend und betend auf unzähligen Pilgerwegen durch die einsame Gebirgswelt, durch Hochwälder und über weite Almen. Alle verbunden durch eines: die Hoffnung auf Vergebung ihrer Sünden oder auf Hilfe in Not und Bedrängnis – durch die Gnadenmutter, die Magna Mater Austriae.

Pompös steht sie da, die Basilika. Weithin sichtbar, ein majestätisches barockes Monument in der grünen obersteirischen Bergwelt. Die Spitzen ihrer Türme weit vorgeschoben ins dunkle Blau des Himmels, oft umtanzt von zarten weißen Wolken. Ein Bild von geradezu unwirklicher Schönheit. Ein Kraftplatz und ein Ort tiefster Spiritualität.

Der Legende nach begann alles mit einer kleinen, holzgeschnitzten Marienstatue und einem vom Wandern erschöpften Mönch. Der fromme Mann, vom Stift St. Lambrecht in die damals noch nicht urbar gemachte Gegend entsandt, um eine neue Zelle zu gründen, soll die Statue auf einen Felsen gestellt haben, der ihm den Weg versperrte. Da teilte sich der Felsen und gab den Blick auf eine Anhöhe frei. Dorthin brachte der Mönch seine Marienstatue und umgab sie mit einer kleinen Kapelle. So geschehen am 21. Dezember 1157 – dem Gründungsdatum von Mariazell.

Der ersten Legende folgte eine zweite: Der mährische Markgraf Heinrich I. und seine Gattin Agnes, beide »krump an Händen und Füßen«, sollen in Mariazell von ihrem Gichtleiden erlöst worden sein. Zum Dank errichteten sie um das Jahr 1200 eine erste steinerne Kirche. In ihrem Heimatland verbreitete sich die Kunde von der wunderbaren Errettung. Die Folge war ein erster Ansturm von Pilgern. Zu den Wallfahrern aus Böhmen und Mähren gesellten sich bald Gläubige aus Ungarn. Das hängt mit Legende Nummer drei zusammen: König Ludwig I. von Ungarn (er regierte von 1342–1382) soll dank der Mariazeller Muttergottes einen Sieg in einer Schlacht errungen haben. Zum Dank ließ er die Gnadenkirche prachtvoll ausbauen. Der gotische Turm, der zwischen den beiden barocken Fassadentürmen aufragt, stammt von ihm.

Wallfahrer in Scharen

Mit den Wallfahrern kam der Segen über Mariazell. Die Schatzkammern füllten sich, und die Gnadenmutter dankte es mit Wundertaten. Grund genug, die Gnadenkirche zu vergrößern. Mit der Neugestaltung wurde 1664 der Baumeister Domenico Sciassia (1599–1679) betraut. Viele der gotischen Bauteile wurden barockisiert, an der Hauptfassade entstanden neben dem gotischen Turm zwei barocke Türme, und der Innenschmuck wurde prachtvoll gestaltet. Den in seiner Schlichtheit modern wirkenden Hauptaltar schuf Bernhard Fischer von Erlach (1656–1723).

Der Zulauf von Wallfahrern nahm gigantische Ausmaße an. Kaiserin Maria Theresia (1717–1780) besuchte den Gnadenort bei vielen Gelegenheiten. Sie war es auch, die mit ihrem Gatten das prachtvolle Silbergitter des Gnadenaltars spendete.
Schlechte Zeiten brachen erst durch Kaiser Joseph II. (1741–1790) an. Er verfügte die Aufhebung des Klosters St. Lambrecht, dem Mariazell unterstand, und untersagte Prozessions-Wallfahrten. Es sollte aber noch schlimmer kommen: In der Nacht vom 1. auf den 2. November 1827 zerstörte eine Feuersbrunst das Dach der Basilika, brachte die Glocken zum Schmelzen und verwüstete den Ort bis auf 20 Häuser. Eine riesige Welle der Hilfsbereitschaft rollte an, und so konnte schon im folgenden Jahr mit dem Wiederaufbau begonnen werden. Die Magna Mater Austriae, die Große Gnadenmutter Österreichs, die Magna Domina Hungarorum und Alma Mater gentium Slavorum ist weiterhin das Ziel unzähliger Wallfahrten, daran hat sich bis heute nichts geändert. Im Jahr 2007 hielt hier sogar Papst Benedikt XVI. anlässlich der 850-Jahrfeier der Basilika eine Messe.

ERHOLUNG AM ERLAUFSEE

Erfrischung verspricht der Erlaufsee, der wie ein großes, dunkles Auge vom Fuß der Gemeindealpe aus Richtung Himmel schaut. Der 1500 Meter lange See, durch den die steirisch-niederösterreichische Landesgrenze verläuft, ist stellenweise bis zu 38 Meter tief – diese in geheimnisvollem Dunkel liegenden Bereiche sind ein beliebtes Revier für Taucher. Ausflügler genießen das in allen Grün- und Blauschattierungen schillernde Wasser des Naturjuwels gerne bei Bootsrundfahrten, und Stärkung gibt's im Strandbuffet. Das Versprechen, seinen Badegästen Erfrischung zu verschaffen, hat der Erlaufsee auch noch immer gehalten – seine Temperatur steigt auch im heißesten Sommer nur wenig über 20 Grad. Der beliebteste Badesee der Steiermark ist er trotzdem.

WEITERE INFORMATIONEN

Bootsverleih und Strandbuffet Schrittwieser
Erlaufseestraße 74, Mariazell
www.erlaufsee-strandbuffet.at

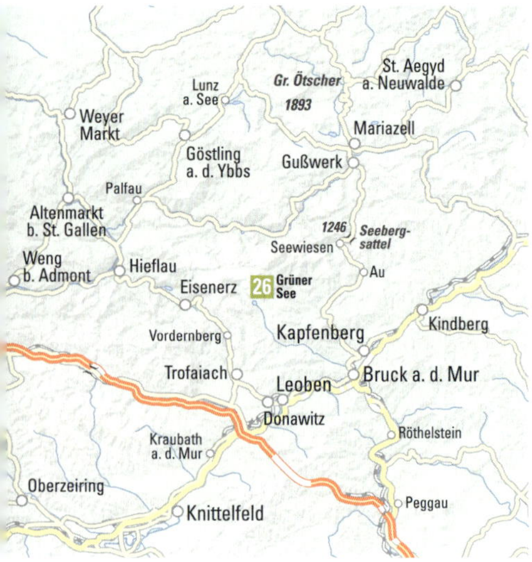

26 Schillerndes Naturjuwel – Grüner See

Der Traumsee am Fuß des Hochschwabs

Vom Geheimtipp zum gewählten »schönsten Platz Österreichs«: Der kleine Grüne See am Fuß des mächtigen Hochschwabmassivs hat vor Kurzem eine steile Karriere hingelegt. Nicht zu Unrecht, denn er ist eine wirkliche Schönheit und ein echtes Naturphänomen. Ein echter Spinner ist er überdies, denn zeitweise macht er einfach, was er will. Das geht so weit, dass er gelegentlich sogar ganz verschwindet.

Ein Ausflug zu dem nördlich von Bruck an der Mur in der Gemeinde Tragöß gelegenen Grünen See ist auf jeden Fall für Überraschungen gut. Wer auf Schusters Rappen kommt, wandert am Pfarrerteich und am Kreuzteich vorbei, zwei malerischen, aber in keiner Weise außergewöhnlichen Gewässern. Spektakulär wird es erst, sobald sich die geschotterte Forststraße dem Gasthaus Seehof nähert.
Plötzlich blitzt durch das Dickicht des Waldes das türkisblaue Wasser des Sees durch: ein unglaublicher Anblick. Und erst einmal ein Rätsel: Was ist das für eine Farbe? Ist es wirklich Türkisgrün? Oder doch eher Smaragd-, Moos- oder Kiwigrün? Die Antwort ist einfach: Es ist alles zusammen. Was immer es an Grün-Blau-Schattierungen gibt, der See hat sie.

Sensationelle Farben

Wie es zu diesen Farbspielen kommt, ist durch physikalische Gesetze zu erklären: Reines Wasser – und davon hat der See genug – absorbiert rote Lichtanteile, und diese erscheinen in dicken Schichten blau-grünlich. Dazu kommt, dass fein zerriebenes Gestein, das im Wasser gelöst ist, vor allem die grünblauen Anteile

Ein regelrechtes Farbwunder: der Grüne See (unten). Das Bankerl verschwindet zeitweise in den Fluten (rechts oben).

BRUCK AN DER MUR

Nach Bruck an der Mur sind es vom Grünen See aus nur 27 Kilometer, und die kurze Fahrt lohnt sich auf jeden Fall. Das am Zusammenfluss von Mur und Mürz gelegene Bruck ist eine der ältesten Städte Österreichs, es war schon vor über tausend Jahren eine reiche Handelsstadt. Ausdruck des frühen Wohlstands sind zahlreiche Bauwerke am und um den hinreißenden Hauptplatz mit Mariensäule und Eisernem Brunnen, allen voran das berühmte gotische Kornmesserhaus.

WEITERE INFORMATIONEN

www.bruckmur.at

des Lichtes reflektiert. Der See ist daher an der tiefsten Stelle am dunkelsten. Zur Helligkeit des Wassers trägt auch bei, dass sich am Grund kaum dunkler Schlamm befindet und stattdessen zwischen dem Gras heller Kalkstein sichtbar wird. So beträgt die Sichtweite unter Wasser bis zu 50 Meter.

Der Grüne See hat aber noch viel mehr zu bieten als klare Sicht und ein überreiches Farbenspektrum. Ungewöhnlich sind auch seine »Lebensgewohnheiten«. Er kommt und geht nach Lust und Laune. Manchmal früher, manchmal später, manchmal teilweise, manchmal sogar ganz. Das hängt von der Menge des Schnees auf den umliegenden Bergen ab.

Mit dem Einsetzen der Schneeschmelze dringt das Wasser in das Gestein ein und tritt dann eiskalt an Quellen zutage. Diese füllen den See langsam, aber beständig. So kommt es, dass der See im Frühsommer seinen höchsten Wasserstand erreicht, an seiner tiefsten Stelle ist er dann bis zu zehn Meter tief. Im Herbst trocknet er langsam aus, es kann sogar vorkommen, dass er vollkommen verschwindet. Die Folge dieses Phänomens: Besucher, die den See im Herbst umrunden und vielleicht auf einer der Ruhebänke rasten, um das traumhaft schöne Panorama zu genießen, finden dieselbe Bank samt Wegen und Wiesen im Sommer tief unter Wasser.

Popularität: Fluch oder Segen?

In den letzten Jahren hat der Grüne See enorm an Popularität gewonnen. Es begann damit, dass Hollywoodstar Ashton Kutcher im September 2014 auf seiner Facebook-Seite das Taucher- und Wanderparadies als das »real life Atlantis« bezeichnete, das wurde innerhalb von 17 Stunden 11 367-mal geteilt und bekam über 80 000 Likes. Und dann wurde der Grüne See im gleichen Jahr in der TV-Sendung »9 Plätze – 9 Schätze« auch noch zum schönsten Ort Österreichs gewählt. Es folgte ein enormer Ansturm von Touristen aus aller Welt.

Ob der neue Ruhm dem einst so stillen und idyllischen Naturjuwel wirklich gutgetan hat, ist fraglich. Als Konsequenz aus der erhöhten Besucher- und Taucherfrequenz ist seit dem 1. Januar 2016 jedenfalls Tauchen, Baden und Bootfahren verboten – damit der aufgewirbelte Sand zumindest die markante Farbe nicht in trübes Braun verwandelt.

Das Gesäuse: ein Paradies für Wildwasserfans, Bergsteiger, Kletterer und Gämsen (oben und rechts unten). Die Stiftskirche Admont wurde nach dem Großbrand von 1865 auf den romanischen und gotischen Fundamenten wieder aufgebaut (rechts oben).

27 Wildes Wasser, steiler Fels – Nationalpark Gesäuse

Der steirische Traum für Freunde ungestümer Natur

Wenn Fels Musik wäre, dann wäre das Gesäuse eine steinerne Symphonie, heißt es. Und das zu Recht, denn die Felswände scheinen hier nahezu senkrecht in den Himmel zu stürmen, kalkweiß, schroff und wild. Zu ihren Füßen sprudelt das Wasser der Enns, mal ruhig fließend und kristallklar, mal tosend und gischtig schäumend. Ein Traum für Bergsteiger und Kletterer, für Wanderer und Wildwasserfans.

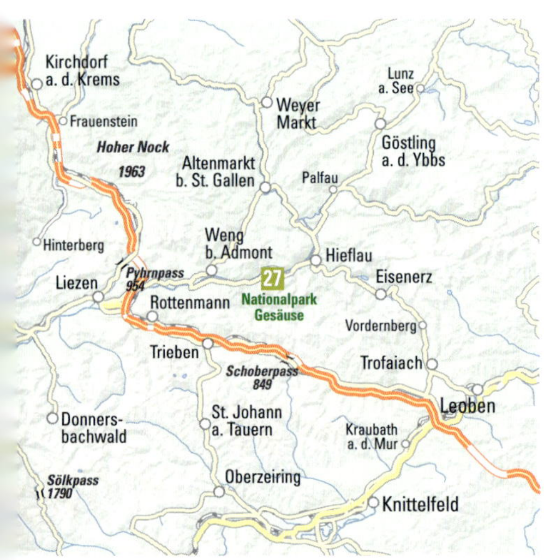

Das Gesäuse ist gerade mal 16 Kilometer lang. Das ist eine relativ kurze Strecke, und doch: Was sie an spektakulärer Naturschönheit zu bieten hat, ist wohl einzigartig auf der Welt. Die Enns hat sich im Lauf der Jahrtausende zwischen Admont und Hieflau ihren Weg durch die Ennstaler Alpen gebahnt. Sie hat ein enges Durchbruchstal geschaffen, von dem aus sich die schroffen Felswände der Reichenstein-, Buchstein- und Hochtorgruppe fast senkrecht erheben. Zudem überwindet die Enns auf dieser Strecke einen Höhenunterschied von 150 Metern – Grund genug, streckenweise ungebremst zu tosen und schnell zu »sausen«, daher der Name.

Das Gesäuse war lange Zeit ein wildes, unzugängliches Gebiet. Lediglich die dichten Wälder seiner Umgebung waren begehrt. Seit Menschen vor 4000 Jahren, in der Bronzezeit, die Kupfervorkommen entdeckt und abgebaut haben, wurde Holzkohle für die »Windöfen« gebraucht, in denen das Erz eingeschmolzen wurde. Noch im Mittelalter herrschte in der Gegend reger Bergbau- und Hüttenbetrieb. Und im 17. und 18. Jahrhundert wurde für die Eisenhütten und Waffenschmieden des Reiches

so viel Holz benötigt, dass unbarmherzig gerodet und abgeholzt wurde. Erst mit dem Eisenbahnbau um 1870 besserte sich die Situation: Die Eisenhütten stellten auf Steinkohle um, und die Forstwirtschaft konnte den Bestand der Wälder sichern.

Kühne Bergpioniere

Mit der Eröffnung der Kronprinz-Rudolf-Bahn 1872 begann die touristische Erschließung des Gesäuses. Die zu beiden Seiten der Enns steil aufragenden Kalkberge wurden als ideale Kletterwände und die umliegenden Berge als Herausforderung für Bergsteiger entdeckt. Legendär sind bis heute zahlreiche Erstbegehungen im Gesäuse durch den Wiener Bergpionier Heinrich Heß (1857–1944), darunter der bekannte »Peternpfad«. Nach ihm ist auch die Hesshütte benannt, ein wichtiger Stützpunkt für alle Bergsteiger, manchmal sogar ein überlebenswichtiger, denn in diesen Bergen kann plötzlich einsetzendes Schlechtwetter zur Gefahr werden.
In den 1920er-Jahren erfolgte die Erschließung zahlreicher Kletterrouten unterschiedlicher Schwierigkeitsgrade in den Nordwänden der Hochtorgruppe, am Admonter Reichenstein und am Buchstein. Viele von ihnen wurden im Lauf der Zeit ausgebaut und sind immer noch ein beliebtes Ziel von Kletterern.
Die letzte große Veränderung kam 2002, als der größte Teil des Gesäuses zum Nationalpark erklärt wurde. Der jüngste der sechs österreichischen Nationalparks punktet damit, dass in seinem Gebiet etwa 90 Brutvogelarten, Murmeltiere, Gämsen, Rehe und Hirsche beobachtet werden könne. Und unter den zahlreichen schützenswerten Pflanzen sind rund 50 Orchideenarten.

Abenteuer Wildwasser

Das Gesäuse eignet sich mit seinem gischtenden Wasser, seinen Stromschnellen und der bizarren Felskulisse optimal für Raftingtouren. Die imposante und in diesem Abschnitt ungebändigte Enns lockt unzählige Wildwasserfreunde an. Sie genießen neben den spektakulären Stromschnellen, einem langen, tosenden Wildwasserkatarakt und einigen wuchtigen Schwällen auch ruhige Passagen entlang der Hochtor-Nordwände. Wo das Wasser der Enns ruhig fließt, ergibt sich die Möglichkeit für ein erfrischendes Bad und – so viel Zeit muss sein – dazu, das atemberaubende Gebirgspanorama des Gesäuses zu genießen.

STIFT ADMONT UND BERGSTEIGERFRIEDHOF

Das Benediktinerstift Admont, dessen Anfänge in das 11. Jahrhundert zurückreichen, das aber um 1300 gotisch und im frühen 18. Jahrhundert barock umgestaltet wurde, ist vor allem wegen seiner sensationellen Bibliothek einen Besuch wert. Der größte klösterliche Bibliothekssaal der Welt, der übrigens wie durch ein Wunder 1865 einen verheerenden Brand überstand, fasziniert auch durch seine prachtvollen Deckengemälde und die zahlreichen Skulpturen von Josef Thaddäus Stammel (1695–1765).
Ein berührender Ort im Gesäuse ist der kleine Bergsteigerfriedhof in Johnsbach, der das malerisch an den Fuß der Berge geschmiegte Barockkirchlein des Ortes umgibt. Die zum Teil sehr alten Grabsteine erinnern an die tragischen Geschichten meist junger Bergsteiger, die im Gebirge ihr Leben verloren.

WEITERE INFORMATIONEN

Stift Admont: www.stiftadmont.at
Nationalpark Gesäuse: www.nationalpark-gesaeuse.at

Wanderbares Österreich

Wanderurlaub, das heißt über duftende Blumenwiesen und Almen zu schneebedeckten Dreitausendern wandern und in Almhütten deftiges Brot und Speck genießen. Das heißt aber auch durchatmen, abschalten und dabei Kraft tanken: Beim Wandern lässt sich die Natur mit allen Sinnen erleben.

Dass die grünen Almen, die majestätischen Gipfel der Alpen und das bewaldete Hügelland Österreichs einen idealen Erholungsraum für Menschen bilden, hat sich in den letzten Jahren immer mehr herumgesprochen. Galt das Wandern lange als altbacken, fad und angestaubt, etwas für alte Leute, so erleben Ferien in unberührter Natur zurzeit ein echtes Revival. Der Wanderurlaub als Erholung für Körper und Geist ist zum Trend geworden. Und nicht nur das, Wandern hat sich zum hippen Outdoor-Trendsport für alle Altersklassen entwickelt. Die unterschiedlichen Regionen des Landes sind für den Wanderurlaub wie geschaffen. Ob Genusswanderer, die über blühende Bergwiesen und Almen schlendern, oder Alpinisten, die es hinauf in die hochalpine Welt aus schroffen Graten, Fels und Eis zieht – wer immer in Österreich seine Bergschuhe anzieht und seinen Rucksack schultert, wird belohnt. Mit landschaftlicher Schönheit, klarer Luft und einer intakten Tier- und Pflanzenwelt. Ein 25 000 Kilometer langes Netz von markierten Wanderwegen führt durch dichte Wälder, zu quellfrisch sprudelnden Bächen und smaragdgrünen Bergseen. Neben dem Naturerlebnis mit spektakulären Gipfelblicken und romantischen Einkehrmöglichkeiten sorgen insgesamt 1138 Themenwege und Naturlehrpfade für Abwechslung und Aha-Erlebnisse. So kann man beim Wandern jede Menge Wissenswertes zu unterschiedlichsten Themen erfahren.

Der Nationalpark Gesäuse, ein Wanderer blickt auf's Krautgartel (unten).

Nationalpark Gesäuse, eine junge Wanderin am Wasserfallweg (links). Heiligenblut ist der Ausgangspunkt unzähliger Wanderrouten (unten).

Die Frage, welche Wanderroute in Österreich die schönste sein könnte, ist schwer zu beantworten. Sicher ist, dass jede einzelne für sich ein unvergessliches Erlebnis garantiert. Allein die Region Dachstein ist mit 811 Wanderrouten, 71 Fernwanderwegen und 11 Pilgerwegen ein wahres Wanderparadies. In Niederösterreich führen die Ötschergräben die Hitliste der schönsten Wanderrouten an, die Schlucht des Ötscherbaches wird nicht zuletzt wegen ihrer bizarren Kalkfelsen und dem grün schimmernden Wasser als »Grand Canyon Österreichs« bezeichnet. Wer sich in Tirol im wildromantischen Naturpark Karwendel auf den Weg macht, hat gute Chancen, Gämsen, Steinadler und Steinböcke zu sehen. Zu den anerkannt schönsten Wanderungen in Kärnten wiederum zählt der Gletscherweg auf die Pasterze, und in den Nockbergen bedarf es weder Schwindelfreiheit noch Trittsicherheit, um Kolonien von Murmeltieren ganz nah zu kommen. Ganz wunderbar sind auch die Wanderrouten im Süden und Osten des Landes. Da geht es sich ganz gemütlich vom Jauerling nach Spitz in der Wachau, rund um die Riegersburg oder auf der Weinbergwanderung im südsteirischen Glanz – mit anschließender Einkehrmöglichkeit.

Die Sporgasse, eine der lieblichsten Gassen der Grazer Altstadt (oben). Der Felsensteig: 260 Stufen führen als Zickzackweg vom Schlossbergplatz hinauf zum Uhrturm auf dem Schlossberg (rechts).

28 Geheime Liebe Österreichs – Graz

Die Stadt, die mit dem Süden flirtet

Graz ist eine Stadt, in der sich der Charme des Südens und die Bodenständigkeit des Nordens innig umarmen, heißt es. Wer einen Spaziergang durch die Innenstadt unternimmt, kann das nur bestätigen. Was die Stadt mit der größten erhaltenen Altstadt Mitteleuropas darüber hinaus so interessant macht, ist ihr Mut zur Innovation. Als Kulturhauptstadt 2003 hob sie regelrecht ab – in Richtung Zukunft.

Geheime Liebe Österreichs, Pensionopolis, beschauliche Universitätsstadt: Die Liste der Beinamen für Graz ist lang. Tatsächlich war in der liebenswerten Murmetropole die Welt in Ordnung, solange die Straßenbahnen grün und das Kernöl auf den steirischen Käferbohnen dickflüssig waren. Das Forum Stadtpark wurde als Zentrum der deutschsprachigen Literatur gerühmt, und auch sonst drehte sich viel um Kultur. Der »steirische herbst« galt als Paradebeispiel für ein Avantgarde-Festival, die »Diagonale« als viel beachtete Schau des heimischen Filmschaffens und die »styriarte« als Garant für Musik auf höchster Ebene. Das ist zwar bis heute so, verändert hat sich aber trotzdem viel.

Im Jahr 2000 wurde Graz wegen seiner einzigartigen Altstadt in die Liste des Weltkulturerbes aufgenommen. Das brachte viel an Aufmerksamkeit. Der wirklich große internationale Durchbruch kam aber 2003 mit der Ernennung zur Kulturhauptstadt. Als solche ist das in enger Umarmung mit dem Süden liegende Graz auch noch eine Beziehung mit der modernen Architektur eingegangen. Das war kein flüchtiger Flirt, sondern eine ernste Beziehung. Und eine hochbrisante Mischung. Denn der Gegensatz zwischen den alten Bauwerken und der modernen Architektur war auf Anhieb faszinierend. Tatsächlich blieb kein Stein auf dem anderen. Der Hauptplatz und die Fußgängerzonen

wurden geliftet. Das Murufer, zu dem früher kein vernünftiger Grazer jemals hinuntergestiegen wäre, wurde zu einer romantischen Promenade. Zu alledem bot Graz internationalen Künstlern die Möglichkeit, ihre Projekte umzusetzen: der New Yorker Kunst-, Design- und Medienstar Vito Acconci gestaltete die Murinsel, und die britischen Architekten Cook und Fournier entwarfen das ultra-schrille Kunsthaus. Beide Projekte haben sich seither zwar als wenig alltagstauglich erwiesen, die Grazer haben sich aber an sie gewöhnt.

Die Altstadt: ein Erlebnis

In der verwinkelten, zur Gänze in ihrer alten Bausubstanz erhaltenen Altstadt gibt es jede Menge zu entdecken. Ausgangspunkt für einen Spaziergang ist der Hauptplatz, dessen eine Seite das mächtige Rathaus bildet und in dessen Mitte Erzherzog Johann, der »Steirische Prinz«, wacht. Ein paar Schritte sind es zur Sackstraße, dem ältesten Teil von Graz. Hier stehen zahlreiche alte Bürgerhäuser und Palais mit verwinkelten Höfen und italienisch angehauchten Arkaden. Das Haus der Geschichte (Nummer 16) ist unbedingt sehenswert, es ist Teil des fantastischen Universalmuseums Joanneum. Nebenan, im Haus Nummer 18, wurde der Thronfolger Erzherzog Franz Ferdinand geboren, dessen Ermordung 1914 in Sarajevo zum Ersten Weltkrieg führte.

Hinauf auf den Schlossberg

Über die 260 Stufen des Felsensteigs (weniger Sportliche nehmen den Lift) geht es auf den Schlossberg. Mit jedem Schritt wird die Aussicht auf die bezaubernde Dachlandschaft der Altstadt faszinierender. Vom Uhrturm, dem Wahrzeichen der Stadt, bietet sich schließlich ein Blick rundum. Verwirrend sind seine Zeiger: Die großen zeigen die Stunden und die kleinen die Minuten an!

Vom Uhrturm führt die Fahrstraße, die ursprünglich als Zugang zur Festung und zur »Liesl«, dem Glockenturm, diente, bergab. Vom Karmeliterplatz, dem Ort diverser Events, geht es dann in die Sporgasse. Das 1566 erbaute Palais Saurau verdient einen Blick nach oben: Hier ragt die bemalte Holzfigur eines Türken mit gezücktem Schwert aus einer Luke – zur Erinnerung an die Bedrohung durch die türkischen Reiterscharen.

Durch die Hofgasse führt der Spaziergang zum Franziskanerplatz mit der Statue des Kaiser Franz II./I., zum Schauspielhaus und zur Alten Universität. Die Domkirche gegenüber ließ Kaiser Friedrich III., der Graz zur Residenzstadt ausbaute, im spätgotischen Stil errichten. Der Innenraum dieser mächtigen Kirche hat in all den Jahrhunderten nichts von seiner Feierlichkeit verloren.

Rund um den Dom

Interessant ist auch die Umgebung des Doms. Von der Kaiserlichen Burg sind zwar nur noch Reste erhalten, ein Besuch lohnt sich aber trotzdem. Zum einen wegen der berühmten gotischen Doppelwendeltreppe im Treppenturm,

Der »Friendly Alien«, das ultraschrille Kunsthaus, das im Zuge der Ernennung von Graz zur Kulturhauptstadt entstand (unten). Das Landhaus, einst Sitz der Landstände, zählt mit seinen Arkadengängen zu den bedeutendsten Renaissancebauten Mitteleuropas (rechts oben).

dann wegen des jüdischen Grabsteins aus dem 14. Jahrhundert im Innenhof, und schließlich wegen der Ehrengalerie im zweiten Burghof, die eine Reihe von Porträtbüsten berühmter Steirer umfasst. Der große bronzene Pfirsichkern des Pischelsdorfer Künstlerpaars Anne und Peter Knoll markiert dort die geografische Mitte der Stadt – ein Kuriosum.
Hinter dem Dom führt ein schmales Gässchen zu dem geradezu florentinisch anmutenden Mausoleum Kaiser Ferdinands II., das als Hauptwerk des Manierismus gilt. Sehenswert ist das Landplagenbild an der Südseite des Doms, ein Fresko, das die drei Plagen Türken, Pest und Heuschrecken darstellt. Es ist einer der ganz großen Kunstschätze des Landes.
Die Burggasse bergab und dann durch die dunkle, romantische Abraham-a-Sancta-Clara-Gasse weiter geht es zum malerischen Glockenspielplatz. Dort öffnen sich jeden Tag um 11, 15 und 18 Uhr im Giebel des Eckhauses zwei Fenster, und ein holzgeschnitztes Steirerpaar dreht sich im Tanz zu alten Volksweisen.
Vom Färberplatz führen Passagen mit hübschen Innenhöfen zur Herrengasse, zu dem Renaissancebau des Landhauses mit seinen prachtvollen Arkadengängen, Sitz des steirischen Landtages. Das Zeughaus nebenan hat seinen ursprünglichen Charakter als mittelalterlicher Magazinbau mit Balkendecken, Holztäfelung und Originalbeleuchtung bewahrt. Es ist eines der ganz wenigen unversehrt erhaltenen Rüsthäuser der Welt, mit Waffenbeständen des 16. und 17. Jahrhunderts – Harnische, Helme, Blank-, Stangen- und Feuerwaffen, insgesamt 29 000 Stück.
Weiter Richtung Mur stehen im Kälbernen Viertel um den Kapaunplatz mittelalterliche Häuser dicht gedrängt. Die Marktstände, die kleinen Läden und Lokale, das alles wirkt, als sei die Zeit stehen geblieben. Diesen Eindruck vermitteln auch die 1520 vollendete Franziskanerkirche und die kleine Jakobskapelle, ein Juwel der Gotik. Und das reizende, enge Franziskanergässchen scheint überhaupt wie mit liebevoller Hand aus Süditalien hierher versetzt.
Wer nach dem Spaziergang eine Rast einlegen will, hat die Qual der Wahl: Die vielen Cafés und Lokale der Altstadt machen Graz zu einem riesigen Schanigarten, zur Genuss-Hauptstadt Österreichs und zu einer in jeder Hinsicht »offenen Stadt« mit mediterranem Flair.

GARTENSCHLOSS HERBERSTEIN

Die liebliche oststeirische Hügellandschaft, die tief in die Landschaft eingeschnittene Feistritzklamm, das auf einem hohen Felssporn im Lauf der Jahrhunderte gewachsene Schloss und sein Tierpark – das alles macht das Gartenschloss Herberstein zu einem idealen Ausflugsort. Seit einigen Jahren ist das Juwel unter den steirischen Schlössern um eine Attraktion reicher: In dem aufwendig revitalisierten »Historischen Garten« verkünden die Farben der Blüten geheime Botschaften von Harmonie und Vollkommenheit, Beständigkeit und Hoffnung.

WEITERE INFORMATIONEN

www.herberstein.co.at
Buchberg 1, St. Johann bei Herberstein

Das Landeszeughaus, im 17. Jahrhundert als Waffendepot errichtet, beherbergt auch heute noch 32.000 Exponate.

29 Genussvoll ein- und abtauchen – steirisches Thermenland

Zu den Quellen des Wohlfühlens

Wo warme Quellen aus dem Vulkanboden sprudeln, liegt im hügeligen Südosten der Steiermark eine feine Wein- und Wasserlandschaft. Eine malerische Gegend an den Ausläufern des Pannonischen Beckens mit sanft geschwungenen Hügeln, riesigen Obstgärten und mildem Klima. Und mit einer Reihe von großzügigen Thermalbädern, dem gediegenen Rahmen für Urlaub und Entspannung, Wellness, Fitness und Sport.

Der Südosten der Steiermark führte lange ein Schattendasein. Die Bevölkerung bitterarm, keine Industrie, kaum Arbeitsplätze, keine Absatzmöglichkeiten für die landwirtschaftlichen Produkte, kurz: eine wirtschaftlich und sozial problematische Ecke. In den letzten Jahrzehnten aber ist die Region, die jetzt »Thermen- und Vulkanland Steiermark« heißt, richtig aufgeblüht. Große Obstplantagen machten sie zum »Garten Österreichs«. Der Apfel »frisch, saftig, steirisch« wurde zum Markenbegriff und Produkte wie Blumauer Tomaten, Edelbrände, Kernöl und Wein zu gelobten Qualitätsprodukten.

Heißes Wasser statt »schwarzem Gold«

Rasante Veränderungen brachten auch die Thermalquellen, die aus dem vulkanischen Boden sprudeln. Innerhalb weniger Jahre entstanden auf einer rund 60 Kilometer langen Strecke fünf Heilthermen, groß angelegte Kurzentren und eine dem internationalen

Schnurgerade Weinreben, sanfte Hügel (unten) und sprudelndes Thermalwasser (rechts oben), das ist das steirische Thermenland.

Standard entsprechende Hotellerie. Die einzelnen Thermalwässer weisen unterschiedliche Mineralisierung auf, so hat jede der Thermen heilende Wirkung auf einem anderen Gebiet. Gemeinsam aber ist ihnen allen: Sie garantieren Entspannung und Wellness.
Bad Waltersdorf ist die nördlichste der Thermen. Ihr Aufstieg begann, als 1975 bei Bohrungen plötzlich nicht Erdöl, sondern heißes Wasser aus 1150 Meter Tiefe sprudelte. Das Wasser wurde vorerst zur Fernwärmeversorgung genutzt. Mitte der 1980er-Jahre erst erkannte man seine heilende und wohltuende Wirkung. Dann aber ging es steil bergauf. Heute präsentiert sich Bad Waltersdorf als »Powerpaket aus Wellness, Natur, Kulinarik und Regionalität«.

Baden wie die alten Römer

Im Thermenresort Loipersdorf sind alle gut aufgehoben, Ruhesuchende ebenso wie jene, die auf Action setzen. Da gibt es das erholsame Thermenbad mit Saunalandschaft und Salzgrotte, das sportliche Erlebnisbad und die Ruhe- und Genussoase »Schaffelbad« mit dem Römerbad samt Tepidarium, Laconium, Caldarium und Frigidarium. Ganz anders präsentiert sich Bad Gleichenberg. Der traditionsreiche Ort setzt im Kurhaus und in der »Therme der Ruhe« nicht auf Animation und Action, sondern ganz auf Entspannung und Erholung. Und genau dafür steht auch der wunderschöne alte Kurpark.
Die Rogner Therme Bad Blumau ist aus einem anderen Holz geschnitzt. Die mehr als großzügige Bade- und Thermallandschaft, in der die Vulkania-Heilquelle, übrigens die am stärksten mineralisierte der Steiermark, in einen im Freien gelegenen Heilsee fließt, wurde von Friedensreich Hundertwasser gestaltet – entsprechend fröhlich bunt sieht sie aus. Dem Prinzip Hundertwassers folgend, dass rechte Winkel und gerade Linien des Teufels seien, ergeben sich überall überraschende Aspekte. Viele in der riesigen Anlage verstreute Häuser sind unter die Erde gebaut und von Gras bewachsen, und im Thermenhotel gleicht kein Zimmer dem anderen.
Bad Radkersburg ist eine der ältesten Thermen, sie wurde schon 1978 gebaut, wirkt aber – ausnahmsweise nicht dank der Wirkung des Mineralwassers – noch immer frisch. Das Wasser dieses knapp an der Grenze zu Slowenien gelegenen Kurorts wirkt wohltuend auf den Bewegungsapparat, es regt den Stoffwechsel von Muskeln, Sehnen, Bändern und Bandscheiben an. Das wirkt bei Beschwerden wie Rückenschmerzen oder Arthrose nahezu Wunder.

HINAUF IN DEN HIMMEL

An manchen Tagen präsentiert sich der Himmel über dem oststeirischen Hügelland richtig pittoresk: Ein riesiger, bunter Heißluftballon schwebt sanft neben dem anderen – und das ist sicher die schönste Art, das Meer der tausend Hügel zu erkunden. Von hoch oben aus dem Ballon schweift der Blick hinunter auf das reizvolle Land, auf Felder und Wiesen, Dörfer und Straßen, Flüsse und Wälder: ein Traum!

WEITERE INFORMATIONEN

Flaggl Ballooning GmbH Apfelwirt
8223 Stubenberg am See 11
Tel: +43 (0) 3176 - 8801
www.apfelwirt.at

30 Stolz und mächtig – die Riegersburg

Die größte Trutzburg der Christenheit

Der Basaltfelsen erhebt sich steil und schroff aus dem idyllischen Hügelland. Darauf thront die mächtige Riegersburg. Nicht zu übersehen, ein unüberwindliches Bollwerk, eine der größten Festen der abendländischen Christenheit. Ein imposantes Bauwerk, sagenumwittert, geheimnisvoll, archaisch. Eines der geliebten Wahrzeichen der Steiermark, das sich seinen mittelalterlichen Charakter bewahrt hat.

Weithin sichtbar ist die hoch über dem Hügelland auf ihrem Basaltfelsen thronende Riegersburg (unten). Das Burgmuseum erweckt die Zeit der Ritter und Burgfräulein zu neuem Leben (rechts oben).

Der 482 Meter hohe, unvermittelt aus der Hügellandschaft aufsteigende Basaltfelsen überragt alles und ist auch weithin sichtbar: ein idealer Platz für eine Burg. Tatsächlich entstand auf dem Felsgrat schon im frühen Mittelalter eine Wehranlage. Ausgebaut wurde sie im 16. Jahrhundert, als die Türken und Heiducken mordend und brandschatzend durch das Land zogen, den Bauern das Vieh wegtrieben und ihre Felder verwüsteten. Zu ihrer Abwehr versammelten sich auf der weiträumigen Festung in Zeiten der ärgsten Bedrängnis bis zu 5000 Reiter.

Die streitbare »Gallerin«

Ihr heutiges Erscheinungsbild verdankt die Riegersburg Freifrau Elisabeth Katharina von Galler (1607–1672). Sie baute die Burg zur größten Festung der Christenheit aus. Ihren Beinamen »die schlimme Liesl« hat sie sich redlich verdient. Die »Gallerin« prozessierte mit Gott und der Welt. Stellvertretend für Ersteren verfolgte sie den Riegersburger Hauptpfarrer Wolfgang Strobl bis zu seinem Tod. Und als sich dessen Nachfolger Michael Zirkelius weigerte, sie in die Geheimnisse der Weißen Magie einzuführen, und sich stattdessen mehr für eine Dame

DAS HEXENMUSEUM

Auf den Scheiterhaufen mit der Hexe! In der Zeit vom 17. bis in die Mitte des 18. Jahrhunderts wurde in der Steiermark rund 300 angeblichen Hexen und Zauberern der Prozess gemacht. Sie wurden der absurdesten Vergehen wie der Verabredung mit dem Teufel oder dem Zum-Blühen-Bringen von Blumen im Winter bezichtigt, und viele von ihnen, darunter die »Blumenhexe« Katharina Paltauf, wurden grausam hingerichtet. An dieses dunkelste Kapitel der steirischen Geschichte erinnert das neu gestaltete Hexenmuseum auf der Riegersburg.

WEITERE INFORMATIONEN

www.dieriegersburg.at/hexenmuseum/

namens Katharina Paltauf interessierte, musste auch der vor den Richter – und die Paltauf wurde als »die Blumenhexe von Riegersburg« verbrannt.

Die »Gallerin« gilt wegen ihres starken Willens als eine der bemerkenswertesten Frauengestalten der Steiermark, als eine furchtlose Frau, die ihren Weg ohne Rücksicht auf Konventionen ging. So heiratete sie im stattlichen Alter von 65 Jahren in dritter Ehe einen um 40 Jahre jüngeren Mann – der ihr allerdings das Herz brechen sollte.

Nach dem Tod der »Gallerin« ging die Burg 1672 in den Besitz ihres Schwiegersohnes über. Graf Johann Ernst Purgstall (1637–1695) ließ die Basteien und einige Burgtore errichten. Und er schrieb eines der düstersten Kapitel in der Geschichte der Steiermark. Als Richter leitete er die Monster-Hexenprozesse in Feldbach, in deren Verlauf unzählige Frauen verfolgt, gefoltert und schließlich auf dem Scheiterhaufen verbrannt wurden.

Besuch der Burg

Seit 1882 ist die Familie Liechtenstein Eigentümer der Riegersburg. Ihr verdankt die Burg ihren guten Zustand. Eine der wichtigsten Neuerungen ist der 2003 an der Nordseite errichtete Panoramalift, der Besucher innerhalb von 90 Sekunden zur Burg bringt.

Zu Fuß dauert der Aufstieg länger. Von der Pfarrkirche schlängelt sich die alte Fahrstraße bergan. Die Steinplatten sind von Füßen, Hufen und Wagenrädern glatt poliert und glänzen. Nach und nach passiert man sechs Tore, elf Basteien, vier Kilometer Wehrmauern und zwei Burggräben. Erstaunen lässt die Geräumigkeit der Burganlage. Sie ermöglichte Zufluchtsuchenden sogar, Felder zu bestellen und Vieh zu weiden.

Oben angelangt, führen zwei Zugbrücken in die Hochburg. Um zwei enge, mit Arkaden geschmückte Innenhöfe erheben sich die Mauern, in die der alte Bergfried, die Burgkapelle und die Wohnräume eingebaut sind. Zu den beeindruckendsten Räumen gehören der Rittersaal mit seinen prachtvoll intarsierten Türen, Portalaufbauten und Kassettendecke sowie der barocke Weiße Saal samt Hausorgel und Porträt der »Gallerin«. Der »Rauschsessel« erinnert an ein 20 Tage dauerndes Saufgelage, offenbar die Lieblingsbeschäftigung der alten Burgbewohner. Zu besuchen sind auch noch das Hexen-, Waffen- und Burgmuseum.

Gepflegter Wein von höchster Qualität (rechts unten) spielt die Hauptrolle in der steirischen Toskana (oben). Das südsteirische Hügelland ist an Lieblichkeit nicht zu überbieten (rechts oben).

31 Malerisch und charmant – die steirische Toskana

Das viel gerühmte Weinland der Südsteiermark

Nahezu senkrecht abfallende Steilhänge, darauf die schnurgeraden Reihen der Rebstöcke, ein warmer Wind, der nach gebratenen Kastanien und süßen Trauben duftet: Das ist die Weingegend um die Orte Gamlitz, Ehrenhausen, Leutschach und Kitzeck. Eine Landschaft so lieblich und zauberhaft, dass sie auch »steirische Toskana« genannt wird. Und in der Sauvignon blanc, Riesling und Morillon zu Hause sind.

So idyllisch und romantisch die Landschaft auch wirkt, so sehr täuscht der Eindruck. Das sonnige Hügelland im Süden von Graz hat von der Natur nicht die besten Voraussetzungen mitbekommen. Die Böden sind meist karg, trocken und wegen ihrer steilen Lage oft schwer zu bearbeiten. Daher war dieses Land lange arm, ein regelrechtes Notstands- und Elendsgebiet.
Der Weinbau hat zwar eine lange Tradition, Wohlstand aber hat er lange nicht gebracht. Die Weinriede besaßen über Jahrhunderte wenige Herren, die Winzer lebten in winzigen »Keuschen« (Hütten). Der Wein wurde auf »Grenzertragsböden« angebaut, auf denen nichts anderes gedeiht. Später waren die Weinbauern dann meist landwirtschaftliche Kleinhöfe ohne weitere Einkommensmöglichkeit. Sie ernährten sich mühsam, nur ihre recht einfachen Buschenschank-Betriebe brachten einen kleinen Zugewinn. Im Wein sah damals kaum jemand eine Zukunft.

Topqualität im Glas

Bis plötzlich ein Umdenken einsetzte. In einer neuen Aufbruchsstimmung zeigten die Wein-

BARRIQUEFÄSSER gebraucht
ein Ganzes € 60,- ein Halbes € 40,-

Von großer Bedeutung für die Qualität des südsteirischen Weines sind die steilen Hügel, die eine optimale Sonneneinstrahlung garantieren. Bezaubernd ist der üppige Blumenschmuck vieler Häuser (rechts oben).

bauern Pioniergeist und setzten in allen Bereichen auf Qualität. Die Rebflächen wurden konsequent vergrößert, es wurde investiert, auch in die Vermarktung. Heute steht die Südsteiermark für duftige, frische Weine, vor allem aus der Leitsorte des rassigen Sauvignon blanc. Das Sortenspektrum reicht vom Welschriesling über Morillon und Muskateller bis zum Traminer. 2019 erwirtschafteten rund 600 Winzer auf 2563 Hektar einen durchschnittlichen Ertrag von 119 817 Hektoliter.
Mit dem neuen Bewusstsein für Qualitätsweine hat sich die Gegend rasch nach oben gearbeitet. Jetzt sind die auf den steinigen Hügeln mit maximaler Sonneneinstrahlung kultivierten Weine weit über die Grenzen der Steiermark hinaus berühmt. Und viele der Weinbauern haben es geschafft, aus ihren Wirtschaften florierende Großbetriebe zu machen. Außer dem Wein und den Edelbränden wird auch vermehrt Obst kultiviert. Viele der kleineren Weinbauern bieten das ganze Jahr über auch Honig, Kürbiskernöl und die feinen »Knabberkerne«, geröstete Kürbiskerne, an. Im Herbst gibt es überall gebratene Kastanien. Sie schmecken besonders gut zum frischen »Sturm«, dem gerade gärenden Wein.

Urlaubsziel für Genießer

Die Südsteiermark hat sich in den letzten Jahren auch zunehmend zu einer beliebten Urlaubsregion entwickelt. Die Hügel rauf und runter zu radeln oder durch Weingärten und Mischwälder zu wandern, erfreut sich größter Beliebtheit. Im Frühling, wenn alles blüht und die Landschaft wirkt, als hätte sie ihr Brautkleid angelegt. Und im Herbst, wenn das »Klapotetz«, das heimliche Wahrzeichen der Südsteiermark, klappert, um die Vögel von den reifen Trauben zu verscheuchen, und wenn sich Nebelbänke sanft an die Rebhänge schmiegen und die ganze Gegend in ein himmlisches Arkadien verwandeln.
Die Hotellerie hat sich dem Trend angepasst. Es gibt Unterkünfte jeglicher Art, von einfach bis hin zum Wellness- oder Boutiquehotel. Und kulinarische Genüsse sind garantiert. Von der traditionellen Bretteljause mit Hauswürstel und »Verhackert«, der Spezialität aus Speck, bis hin zum Backhendl mit Kernöl-Salat. Und wenn dann noch der Wein golden in den Gläsern funkelt – der fruchtbetonte Jungwein »Junker« zum Beispiel, oder ein duftiger, frischer Sauvignon Blanc –, dann ist die Südsteiermark ein Stück vom Glück.

SCHILCHER, DER »ROSAROTE ESSIG«

Unbedingt zu verkosten ist der Schilcher, die Spezialität des steirischen Weinbaus schlechthin. Der zwiebelschalen- bis lachsfarbene Spitzenwein kommt in keinem anderen Land der Erde vor, er darf auch nirgends sonst kultiviert werden. Das kommt daher, dass die Blaue Wildbacherrebe, aus der er gekeltert wird, zur Entfaltung ihres unvergleichlichen Buketts die Gneis- und Schieferböden der weststeirischen Koralpenausläufer braucht. Der Rosé besitzt eine besondere Wirkung auf das Gemüt des Zechers, der er auch den Namen »Rabiatperle« verdankt. Ungeachtet dessen hat er sich zu einem Modewein entwickelt. Der »rosarote Essig« ist allerdings so sauer, dass man sich erst nach dem zweiten Schluck in ihn verliebt – dann aber umso heftiger.

Kärnten und Osttirol

Der sonnige Süden

Luftaufnahme des Inselgebiets bei Walterskirchen/Krumpendorf am Wörthersee (links). Ein Wanderer an einer Heuschupfe im Lesachtaler Obergail (oben). Der Lindwurm, der liebste Schoßhund der Kärntner (unten).

Die Großglockner Hochalpenstraße: der Weg ist das Ziel.

Toureninfo

Start: Klagenfurt
Ziel: Wörthersee–Hochosterwitz–Karlbad–Skulpturenstraße–Weißensee–Lesachtal–Heiligenblut–Großglockner Hochalpenstraße–Innergschlöß
Länge: 500 km
Dauer: 14 Tage
Beste Reisezeit: Sommer, Herbst
Sehenswertes: Kärnten ist berühmt für seine »Marterl«. Zu entdecken sind sie an vielen Wegrändern und Kreuzungen.
Unterkunft: Kühe, Pferde und gackernde Hühner, und das alles in unverfälschter Natur, das verspricht ein Urlaub auf dem Jöhrerhof.

Weitere Infos

Die Großglockner Hochalpenstraße ist während der Wintermonate gesperrt. Gegen Ende des Winters wird sie mit eigens vom Straßenerbauer Franz Wallack konstruierten Rotationspflügen vom Schnee befreit. Ab Ende April/Anfang Mai wird sie für den Verkehr freigegeben. Die Straße ist mautpflichtig.

Route in den sonnigen Süden

Malerische Seen, Highlife und Wanderlust

Pitschwarme Seen, idyllische Alpentäler und himmelstürmende, von in der Sonne glitzernden Gletschern gekrönte Berge: Der Süden Österreichs scheint wie für den Urlaub geschaffen. Diese Route führt zu mondänen Ferienorten, in denen gefeiert wird bis in die Puppen, und zu abgelegenen Orten von archaischer Schönheit, in denen die Zeit stehen geblieben ist.

Das urbane Zentrum von Österreichs sonnigem Süden ist **32 Klagenfurt.** Die kleine Landeshauptstadt wird oft als »Renaissance-Juwel« bezeichnet, denn viele ihrer Palais und Bürgerhäuser wurden vor Hunderten von Jahren von italienischen Architekten errichtet. Entsprechend interessant ist es, durch die Altstadtgässchen zu flanieren, malerische Winkel und Arkadenhöfe zu entdecken oder in Cafés südliches Flair zu genießen. Dass Klagenfurt einen der schönsten Seen, den **33 Wörthersee,** vor der Haustüre hat, ist ein Glücksfall. An diesem See reiht sich ein Urlaubsort mit Villen, Hotels und Pensionen an den anderen, es gibt Strandcafés und Promenaden, und für nächtliches Highlife sorgen Bars, Discos und ein Casino.

Zurück ins Mittelalter

Das Kontrastprogramm zum mondänen Wörthersee ist das **35 Karlbad** hoch oben in den Nockbergen. Wo sich Fuchs und Murmeltier »Gute Nacht« sagen, wird gebadet wie im Mittelalter. Ohne elektrisches Licht, dafür im Holzzuber, in dem das Wasser durch heiße Steine erhitzt wird. Alles in allem ein Erlebnis der besonderen Art, und ein gesundes noch dazu, denn es beugt Gicht und Rheuma vor.
Mittelalter zum Anfassen bietet auch die stolze **34 Burg Hochosterwitz.** Wer den 620 Meter langen, von einer breiten, zinnengekrönten Mauer begleiteten Burgweg mit 14 vollständig erhaltenen Toren und fünf Zugbrücken hinaufsteigt, nähert sich mit jedem Schritt der Welt der tapferen Ritter und schönen Burgfräulein.

Kunst am Weg und Natur pur

Im Hier und Jetzt verankert ist hingegen der Ossiachersee und seine Umgebung. Zu dem Hotspot von Kunst und Kultur führt die **36 Skulpturenstraße Krastal** mit ihren Skulpturenstationen.
Der **37 Weißensee** hingegen, der höchstgelegene Badesee der Alpen, ist auch einer der am besten gehütete. Nur ein Drittel seiner Ufer ist verbaut, der Rest ist Natur pur, das macht ihn zu einem besonderen Ort für besondere Gäste. Für solche vor allem, die es verstehen, unverfälschte landschaftliche Schönheit zu genießen. Dazu bietet sich auch das **38 Lesachtal** an, das rund 40 Kilometer westlich vom Weißensee bei Kötschach-Mauthen beginnt. Mit seinen steilen Hängen, den vielen oft in aberwitziger Höhe gelegenen Bauernhöfen und kalkweißen Kirchlein wirkt es wie nicht von dieser Welt. Das Lesachtal erstreckt sich von Kärnten nach Osttirol. Dort führt eine Route über Lienz nach Norden, nach Matrei und dann Richtung Felbertauern, zu der Tunnelverbindung nach Tirol. Kurz vor dem Tunnel erwartet Wanderlustige ein echtes Highlight: der Weg zum **41 Außer- und Innergschlöß** zum schönsten Talschluss der Alpen und zum ewigen Eis.

Das schönste Bergdorf und die schönste Straße

Ein Ort der Superlative ist auch das malerische **39 Heiligenblut** am Fuß des Großglockners. Es wird als schönstes Bergdorf der Alpen gerühmt, ist Ausgangspunkt für unzählige Wander- und Bergsteigerrouten und für die **40 Großglockner-Hochalpenstraße.** Sie gilt mit ihren Kurven und Kehren, die faszinierende Ein- und Ausblicke in die majestätische Gebirgswelt bieten, als Meisterwerk der Ingenieurskunst – und als schönste Panoramastraße Europas.

Ruhpolding
Inzell
Bad Reichenhall
Anif
Hallein
Hintersee
Gschwendt
Strobl
Bad Ischl
Hinterstoder
Vorderstoder
St. Gallen
Schneizlreuth
Marktschellenberg
Vigaun
Schmittenstein 1695
Hoher Zinken 1764
Postalm
Rettenbach-alm
Eishöhle
Schönberg 2093
Totes Gebirge
Elmhöhle
Warscheneck 2389
Windischgarsten
Kampertal
Mühlau
Radmerer
Hall
Weng b. Admont
Unken
Winkl
Bischofswiesen
Berchtesgaden
Königssee
Oberau
Kuchl
Golling a. d. Salzach
Voglau
Rußbach am Pass Gschütt
Bad Goisern
Altaussee
Bad Aussee
Gößl
Weiße Wand 2198
Tauplitzalm
Hochtausing 1818
Pyhrn
Ardning
Admont
Liezen
Selzthal
Benediktinerabtei
Schloss Grünbichl
Schl. Oberrain
Maurach
Gr. Häuselhorn 2284
Ramsau
Hintersee
Nationalpark
Berchtesgaden
Jenner 1874
St. Bartholomä
Waidring
Lofer
St. Martin b. Lofer
Wallfahrtsk. Maria Kirchental
Saaleck
Weißbach b. Lofer
Schwendt
Pass Lueg 552
Abtenau
Gosau
Gseng
Gosaumühle
Hallstatt
Hallstätter See
Obertraun
Koppenbrüllerhöhle
Hinterstal
Mammuthöhle
Rieseneishöhle
Hoher Krippenstein 2108
Pichl-Kainisch
Bad Mitterndorf
Schloss Friedstein
Grimming 2351
Wörschach
Döllach
Rottenmann
Burg Strechau
Dietmannsdorf
Trieben
Treglwang
Eisriesenwelt
Raucheck 2430
Hochwieskopf 2189
Tenneck
Annaberg i. Lammertal
Vorderer Gosausee
Dachsteingruppe
Gr. Bischofsmütze 2458
Hoher Dachstein 2995
Lackner Miesberg 2232
Schloss Trautenfels
Aigen i. Ennstal
Oppenberg
Donnersbach
Gr. Bösenstein 2449
Hohentauern
Oberlengdorf
Rosenegg
Hochfilzen
Birnhorn 2634
Lenzing
Schönfeldspitze 2653
Schloss Blühnbach
Pfarrwerfen
Werfenweg
Werfen
Bischofshofen
St. Martin a. Tennengeb.
Filzmoos
Hachau
Weißenbach
Ramsau a. Dachstein
Gröbming
Pruggern
Stein a. d. E.
Großsölk
Anger
Hochrettelstein 2220
Bruderkogel 2299
Triebenthalhütte
St. Johann a. Tauern
Fieberbrunn
Trixlegg
Hütten
Leogang
Saalfelden am Steinernen Meer
Hochkönig 2941
Mitterberg
Hüttau
Eben i. Pongau
Radstadt
Pichl
Gössenberg
Moosheim
Leonhardskirche
Donnersbachwald
Fasshuber
Spielberghorn 2044
Saalbach-Hinterglemm
Harham
Bsuch
Dienten a. Hochkönig
Mühlbach a. Hochkönig
Diemtner Sattel 1342
Reitdorf
Altenmarkt i. Pongau
Enns
Forstau
Rohrmoos
Untertal
Oberthal
Hochwildstelle 2747
Mössner
Mößna 2000
Ahornkogel
St. Nikolai i. Sölktal
Hainzl
Haag
Bretstein
Kolling
Igelsberg
Schattberg 2018
Maishofen
Hundstein 2117
Weng
Goldegg
Flachau
Grießenkareck 1991
Strimskogel 2139
Schiedeck 2339
Schladminger Tauern
Möderbrugg
St. Oswald
Lengau
Geißstein 2363
Kitzbüheler Alpen
Schmittenhöhe 1965
Thumersbach
Zeller See
Taxenbach
Lend
Schwarzach i. Pongau
Wagrain
Gabel 2037
Untertauern
Süßleiteck 2509
Sölkpass 1790
Schießeck 2276
Feil
Petz
St. Georgen ob Judenburg
Schl. Mittersill
Steindorf
Walchen
Fürth
Kaprun
Salzach
Au
Kleinarl
Kraxenkogel 2436
Hochgolling 2862
Krakauhintermühlen
Knolli
Oberwölz Stadt
Schloss Rothenfels
Uttendorf
Mühlbach
Höllwand 2287
Dorfgastein
Großarl Markt
Gr. Pleißlingkeil 2501
Obertauern
Baierdorf
Lind b. Scheifling
Zwölferkogel 2446
Wiesen
Imbachhorn 2470
Achenkopf 2266
Bernkogel 2325
Rauris
Harbach
Hintergöriach
Lessach-Oberdorf
Ebene
Z. Hl. Bartholomäus
Schöder
Katsch a. d. Mur
Frojach
Scheifling
Enzingerboden
Kitzsteinhorn 3203
Gr. Wiesbachhorn 3564
Wörth
Bad Hofgastein
Hüttschlag
Weißeck 2711
Tweng
Weißpriach
U.L.Frau Himmelfahrt
Fanning
Mariapfarr
Wölting
Seetal
Hallinger
Ranten
Triebendorf
Teufenbach
Perchauer Sattel 995
Tauernkogel 2989
Ferleiten
Bucheben
Remsach
Nebelkareck 2585
Zederhaus
Mauterndorf
Tamsweg
Stadl a. d. Mur
St. Ruprecht ob Murau
St. Blasen
Oberberg
Sonnblick 3088
Edelweißspitze 2577
Edlenkopf 2924
Hohe Tauern
Bad Gastein
Graukogel 2429
Großeck 2427
St. Michael i. Lungau
Pichlern
Unternberg
Murau
Schloss Pichl
Neumarkt i. Stmk.
Zeutschach
Mühlen
Böckstein
Kölnbreinspeicher
Rotgülden
Muhr
Schnellgaden
St. Margarethen i. Lungau
Tafern
Gruben
Einach
St. Lorenzen ob Murau
Muntanitz 3232
Großglockner 3797
Kolm Saigurn
Sportgastein
Ankogel 3246
Katschbergpass 1641
Rennweg
Ramingstein
Predlitz-Turrach
Prankerhöhe 2166
Kaltwasser
Lassnitz
Grattinger
Ingolstahl
Wildbad Einöd
Noreia
Schloss Pichlhof
Schloss Weißenstein
Matrei in Osttirol
Heiligenblut
Schareck 3126
Reitereck 2790
Oberdorf
Trinker
Hannebauer
Metnitz
St. Stefan
Hochalmspitze 3360
Kl. Königstuhl 2254
Turrach
Eisenhut 2441
Flattnitz
St. Salvator
Grafendorf
Kals am Großglockner
Hohes Seekamp 3112
Putschall
Rote Wand 2855
Mallnitz
Koschach
Innerkrems
Feistritz
Micheldorf
Guttaring
Zedlach
Döllach
Innerfragant
Burg Groppenstein
Lassach
Gößbach
Nationalpark-Museum
Pressingberg
Karlbad
Turracher Höhe 1789
Schloss Pöckstein
Straßburg
Weißberg
Glödnitz
Gurk
Althofen
Feld
Petzeck 3283
Grafenberg
Reißeck 2985
Schloss Dornbach
Eisentratten
Gr. Rosennock 2440
Ebene-Reichenau
Hochrindl
Meiselding
Huben
Peischlach
Pirkachberg
Mörtschach
Außerfragant
Obervellach
Stallhofen
Penk
Mühldorfer See
Gmünd
Perau
Treffling
Biosphärenpark Nockberge
Deutsch Griffen
Weitensfeld im Gurktal
Eggen
Kappel
Unterleibnig
Alkus
Stall
Striedenkopf 2749
Napplach
Kolbnitz
Trebesing
Lieserhofen
Vorwald
Sirnitz
Steuerberg
Kraig
Schlaiten
Ainet
Iselsberg-Stronach
Winklern
Tresdorf
Alpenheim
Mühldorf
Lurnfeld
Lendorf
Seeboden
Stiftskirche
Millstatt
Radenthein
Gurktaler Alpen
Patergassen
St. Leonhard
Frauenstein
Passering
Rotstein 2695
Oberlienz
Lienz
Lainach
Hochkreuz 2708
Salzkofel 2498
Obergottesfeld
Museum Teurnia
Feld am See
Gnesau
St. Veit a. d. Glan
Hochosterwitz
Bannberg
Lengberg
Nikolsdorf
Kirche Maria Geburt
Kleblach
Spittal a. d. Drau
Molzbichl
Millstätter See
Dürrenbaumberg 1771
St. Ulrich
Feldkirchen i. Kärnten
Glanegg
Liebenfels
St. Donat
Zum hl. Corbinian
Aßling
Lavant
Gr.-Sand-Sp. 2772
Oberdrauburg
Berg
Greifenburg
St. Andrä-K.
Latschur 2236
Stockenboi
Ferndorf
Afritz
St. Jakob d. A.
Tiffen
Hardegg
Pischeldorf
Schloss Heinfels
Unterried
Abfaltersbach
Flaschberg
Drau
Bruggen
Neusach
Paternion
Verditz
Äußere Einöde
Bodensdorf
Ossiach
Karnburg
Lassendorf
Lienzer Dolomiten
Gailtaler Alpen
Birnbaum
Schloss Stein
Techendorf
Weißbriach
Feistritz a. d. D.
Kellerberg
Gradisch
Tigring
Lendorf
Kartitsch
Obertilliach
St. Lorenzen i. Lesachtal
Laas
Unsere Liebe Frau
Weißensee
Weißenbach
Kreuzen
Töplitsch
Ossiacher See
Karschdorf
Pörtschach a. W.
Klagenfurt
Schl. Rain
Pfannspitze 2678
St. Jakob i. Lesachtal
Kötschach
Mauthen
Kirchbach
Farchtnersee
Fellach
Villach
St. Andrä
Rosegg
Wörthersee
Grafenstein
Hochspitz 2581
Hermagor
Förolach
Schloss Wasserleonburg
St. Egyden
Abtei
Hohe Warte 2780
Plöckenpass 1357
Stranig
Tröpolach
Egg
St. Michael-K.
Vorderberg
Nötsch
St. Martin
Feistritzer Stausee
St. Margarethe i. Rosental
Pádola
Candide-Casamazzagno
Forni Avoltri
Collina
Timau
Trogkofel 2280
Poludnig 1999
Feistritz a. d. Gail
Fürnitz
Finkenstein
St. Jakob i. Rosental
Ferlach
Sta. Caterina
Sappada
Rigolato
Ligosullo
1530 Naßfeldpass
Ugovizza
Arnoldstein
Feistritz i. Rosental
Waidisch
Sto. Stéfano di Cadore
Pesariis
Sútrio
Paluzza
Paularo
Pontebba
Tarvisio
Podkoren
Mittagskogel 2145
Karawanken
Mojstrana
Hrušica
Trögern
Vigo di Cadore
Sauris di Sopra
Comeglians
Arta Terme
M. Sérnio 2187
Dogna
Cave del Predil
Kranjska Gora
Zgorn Radovna
Jesenice
Col. Gentile 2075
Ovaro
Zúglio
Zuc del Bôr 2197
Pleziche
Zasip
Zgornje Fužine
Lorenzago di Cadore
M. Bivera 2474
La Maina
Villa Santina
Chiusaforte
Julische Alpen
Log pod Mangartom
Trenta
Triglav 2864
Gorje
Bled
Bistrica
Tržič
Forni di Sopra
Ampezzo
Tolmezzo
Ponte
Saletto
Soča
Rudno Polje
Bohinjska Bela
Goriče
Chialcis
Verzégnis
Amaro
Resiutta
S. Giorgio
Stolvizza
Bovec
Za Otoki
Triglavski narodni park
Koprivnik
Bohinjce
Ribnica
Kamna Gorica
Hotemaže
Socchieve
M. Verzégnis 1915
Forni di Sotto
Carnia
Portis
Oseacco
Žaga
Trnovo ob Soči
Bohinjsko jezero
Brdo
M. Pramaggiore 2479
Cima Laste 2555
Tramonti di Sopra
S. Francesco
Alesso
M. Chiampón 1710
Pradielis
Breginj
Krn 2245
Kobarid
Kuk 2086
Ukanc
Ribčev Laz
Bohinjska Bistrica
Zgornja-Sorica
Železniki
Dražgoše
Kranj
Tramonti di Sotto
M. Dosaip 2062
Lago dei Tramonti
Pielungo
M. Cuár 1478
Gemona del Friuli
Artegna
Taipana
Staro selo
Kamno
Rodica 1966
Podbrdo
Dolenja vas
Praprotno
Lago di Cà Selva
Redona
Gérchia
Osoppo
Forgaria n.F.
Tarcento
Montefosca
Gabrje
Tolmin
Petrovo Brdo
Zali Log
M. Resettum 2067
Meduno
Pinzano al T.
Búia
Collalto
Attimis
Masarólis
Pulfero
Volče
Kneža
Bača pri Modreju
Porezen 1632
Cerkno
Delnice
Brode
Medvode
Cellino
Bárcis
Andréis
Maniago
Sequals
Majano
Tricésimo
Faédis
San Pietro al N.
Most na Soči
Slap ob Idrijci
Gorenja vas
Bukov Vrh
Črni Vrh
Montanes
M. Cavallo 2250
Montereale
Arba
S. Daniele d.F.
Tavagnacco
Torreano
Cividale d. F.
Kanal
Dolenja Trebuša
Želin
Podjelovo Brdo
Dolenja vas pri Polh. Gr.
Vajònt
Istrago
Spilimbergo
Martignacco
Remanzacco
Oblakov Vrh
Žiri
Lučine
Horjul
Selva
S. Leonardo V.
Dignano
Coseano
Pasian di P.
Udine
Ipplis
Plave
Čepovan
Praprotno Brdo
Velika Ligojna
S. Martino di C.
S. Giórgio d. Rich
Flaibano
S. Odorico
U. Paparotti
Neblo
Grgar
Lokve
Idrija
5 km
N

Anlegestelle der Wörthersee-Schifffahrt in der Wörthersee-Ostbucht in Klagenfurt, im Hintergrund der Pyramidenkogel (oben). Eine Radfahrerin im Klagenfurter Goethepark im Frühling (rechts oben). Die Altstadt, ein Schmuckkästchen (rechts unten).

32 Die »Rose vom Wörthersee« – Klagenfurt

Urbanes Flair, streng bewacht vom Lindwurm

Durch malerische Altstadtgässchen zu Boutiquen und hübschen, kleinen Läden flanieren, in blumengeschmückten Arkadenhöfen romantische Winkel entdecken, süße »Schmankalan« oder marktfrische Köstlichkeiten verkosten und in Cafés und Szenelokalen Kontakte knüpfen: Die Landeshauptstadt Klagenfurt garantiert urbane Gemütlichkeit und südliches Flair. Und im Sommer überdies ein Bad im lauen Wörthersee.

Klagenfurt ist eine Stadt mit Startschwierigkeiten. Wo der Sage nach einst das Feuer speiende Ungeheuer, der Lindwurm, hauste, lebten schon in der Bronzezeit Menschen. Urkundlich erwähnt wurde Chlagenvurt erstmals 1199 als Gründung des Spanheimer Herzogs Hermann. Der Ort am Flüsschen Glan litt aber unter Überschwemmungen. Knapp ein halbes Jahrhundert später zog Hermanns Sohn Bernhard daher mit seinem kleinen Völkchen in das Gebiet des heutigen Alten Marktes und gründete Klagenfurt gleich noch einmal. Schon 1252 erhielt es schon das Stadtrecht, dann aber kamen schwere Zeiten: Brände, Heuschrecken, Türken und Erdbeben.

Die verschenkte Stadt

Den Aufschwung brachte paradoxerweise erst der Großbrand von 1514, der die Stadt zur Gänze vernichtete. Kaiser Maximilian I. fehlten zum Wiederaufbau die finanziellen Mittel. Als die Landstände ihn ersuchten, ihnen die traurigen Überreste zu überlassen, stimmte er daher freudig zu, er schenkte ihnen das trostlose Nest. So wurde Klagenfurt 1518 Landeshauptstadt und Regierungssitz – als erste und einzige Stadt im Besitz von Landständen.

Die neuen Besitzer bewiesen beim Wiederaufbau Geschmack. Sie beauftragten den im Festungsbau erprobten Architekten Domenico de Lalio (um 1515–1563) mit der Planung. Der

Das kleine Jugendstil Theater im Goethepark. Abendstimmung in den Cafés am Alten Platz (rechts unten).

Baukünstler aus Lugano errichtete eine quadratische Wehranlage mit Löwen geschmückten Toren. Innerhalb dieser Mauern entstanden zwischen schachbrettartig angelegten Straßen reiche, mit Arkadenhöfen ausgestattete Palais, stattliche Bürgerhäuser und das Landhaus. Den Mittelpunkt innerhalb der neuen Befestigungswälle bildete der Neue Platz.
Während der Gegenreformation siedelten sich in der protestantischen Hochburg Jesuiten, Franziskaner, Kapuziner und Ursulinen an. Sie errichteten jede Menge Klöster und Kirchen, auch das brachte Wohlstand. Der Aufschwung hielt bis 1809 an, dann rückten die Franzosen an. Als sie wieder abzogen, sprengten sie die Befestigungswälle – und erwiesen Klagenfurt damit einen Gefallen, denn das schuf Platz für die Ringstraßen.
Der Zweite Weltkrieg schlug Klagenfurt tiefe Wunden, noch während der englischen Besatzungszeit begann jedoch der Wiederaufbau. Bald besaß Klagenfurt das erste Fernheizkraftwerk, das erste Hochhaus und die erste Fußgängerzone Österreichs. In den folgenden Jahren entwickelte es sich zu einer weltoffenen Stadt, in der zukunftsorientierte Projekte, Universität und Fachhochschulen einen hohen Stellenwert haben.

Die Altstadt – ein Schmuckkästchen

Heute präsentiert sich die Klagenfurter Altstadt als richtiges Schmuckkästchen. Neuer Platz samt Lindwurm, Heiligengeistplatz, Landhaus, Pfarrplatz, Alter Platz, Museum moderner Kunst, Dom – im Zentrum ist auf Schritt und Tritt zu erkennen, dass neues, fröhliches Leben aus den alten Mauern sprießt. Im Bereich der Herrengasse ist die Klagenfurter Beislszene voll in Aktion. Die Kulturszene gibt im prachtvollen Arkadenhof der Goldenen Gans mit Cafés, Theateraufführungen und Jazznächten kräftige Lebenszeichen, und Läden und Boutiquen beziehen ihren besonderen Charme aus einer Brise italienischer Eleganz. Die Bemühungen der Stadt um die Erhaltung ihrer alten Bausubstanz hat sich übrigens gelohnt: Klagenfurt wurde bereits dreimal mit dem Europa-Nostra-Preis ausgezeichnet. Das hat noch keine Stadt geschafft!

EUROPAPARK UND PYRAMIDENKOGEL

Das größte Strandbad Europas vor der Haustür: Das ist Lebensqualität à la Klagenfurt. Wer den vier Kilometer langen Lendkanal hinaus zum Wörthersee wandert oder radelt, findet ein einzigartiges Erholungsgebiet: Am Seeufer sorgen Strandbäder, Bootshafen und Seebühne für Freizeitvergnügen. Der Europark ist mit großzügigen Grünflächen, Kinderspielplatz, Freiluftschach und Skaterpark ein Naherholungsgebiet für Jung und Alt. In der Nähe entführt Minimundus auf eine Weltreise zu den wichtigsten Sehenswürdigkeiten aller Kontinente im Taschenbuchformat, und dann gibt es noch den Reptilienzoo und das Planetarium.
Von dem modernen Aussichtsturm Pyramidenkogel aus ist Kärnten regelrecht aus der Vogelperspektive zu betrachten. Sehr beeindruckend!

WEITERE INFORMATIONEN

Klagenfurt und Europapark: www.visitklagenfurt.at
Minimundus: www.minimundus.at
Pyramidenkogel: www.pyramidenkogel.info

Das aus der Fernsehserie bekannte Schlosshotel Velden ist heute ein Falkensteiner Hotel (oben). Schloss Maria Loretto und das Strandbad Loretto mit Yachthafen von der Luft aus (rechts unten).

33 Viel besungen, heiß geliebt – der Wörthersee

Die Badewanne der Alpen

Einladend ins warme Wasser ragende Badestege und bunte Segel, freundliche Strandcafés und Promenaden, Highlife in eleganten Bars und Discos und im Casino, dazu mondäne Hotels, architektonisch interessante Villen und gemütliche Familienpensionen: All das ergibt einen See wie geschaffen für die Ferien. Das ultimative Urlaubsziel Österreichs: der wunderbare Wörthersee.

Der Eiszeit sei Dank, denn ihre Gletscher schufen vor rund 15 000 Jahren im Herzen Kärntens jene Senke, die später zum Wörthersee wurde. 16,5 Kilometer lang erstreckt er sich heute von der Veldener Bucht bis Klagenfurt. Was ihm seinen Charme verleiht, sind seine idyllischen Buchten, seine Halbinseln und Inselchen. Und was ihn zum beliebtesten Badesee Österreichs macht, ist sein in vielen Grün-Türkis-Schattierungen schimmerndes Wasser. Es fühlt sich seidig weich und lau an. Das ist keine Täuschung. Der Wörthersee ist windgeschützt, er weist nur eine geringe Durchflutung auf – um sein Wasser zu wechseln, braucht er neuneinhalb Jahre –, und so kann seine oberste Wasserschicht, das Epilimnion, im Sommer bis zu 25 Grad erreichen. Kein Wunder also, dass der Wörthersee gern liebevoll »die Badewanne der Alpen« genannt wird.

Urlaub am Wörthersee, das ist Schwimmen in lauwarmem Wasser, Sonnen auf duftenden Holzplanken und ab dem Abend Highlife in Discos und schicken Lokalen. Am besten in einem der sommerlichen Hotspots, die sich wie Perlen an einer Schnur um den See reihen. Und denen allen eines gemeinsam ist: der liebevoll gepflegte Blumenschmuck, die Strandbäder, gemütliche Promenaden, Cafés und Lokale.

Besitzer bis heute: die Familie Khevenhüller

1541 übergab Ferdinand I., der spätere Kaiser, die Burg an den damaligen Landeshauptmann Christoph Khevenhüller. Er schloss mit ihm einen Vertrag: Sollte die Familie im Mannesstamm erlöschen, würde die Burg an den Kaiser zurückfallen. Das Kaiserhaus fand im Ersten Weltkrieg sein Ende, nicht aber die Manneskraft der Khevenhüller. Auch der derzeitige Besitzer erfreut sich zahlreicher Nachkommenschaft, er hat vier Kinder.

Christoph Khevenhüller bewohnte die Burg nie. Da auch sein Sohn, Botschafter in Spanien, an der Burg kein Interesse zeigte, übernahm sie 1561 sein Neffe Georg Khevenhüller. Er setzte angesichts der immer noch drohenden Türkengefahr alles daran, seine Burg zu einer starken Festung auszubauen. Als markanteste Neuerung ließ er an dem in weiten Windungen bergan führenden Burgweg insgesamt 14 gesicherte Torbauten errichten.

Da auch der zweite, über den steilen Westhang führende Zugang, der »Narrensteig«, durch eine massive Quermauer abgesperrt werden konnte, war die Burg praktisch uneinnehmbar. Allerdings: Sobald die mächtige Verteidigungsanlage fertiggestellt war, machte auch niemand mehr den Versuch, sie zu erstürmen. Und bald ebbten auch die Türkeneinfälle ab.

Wanderung von Tor zu Tor

Abgesehen von dem modernen »Ritterlift«, in dessen Gondel Besucher die nahezu senkrechte Felswand mühelos hochschweben können, hat sich die Burg seit dem 16. Jahrhundert kaum verändert. Besucher wandern den 620 Meter langen, von einer breiten, Zinnen bekrönten Mauer begleiteten Burgweg bergan und passieren nach und nach die 14 vollständig erhaltenen Tore mit fünf Zugbrücken.

Nach dem letzten Tor wendet sich der Burgweg abrupt in den lang gezogenen Zwinger vor der eigentlichen Burg. Eine breite Stiege führt in den weiten Burghof mit Ziehbrunnen. In den Schauräumen der Hochburg werden hochinteressante Sammlungen, Kunstgegenstände und Museumsstücke gezeigt. Die Rüstkammer informiert über die gefinkelten Verteidigungstechniken der mittelalterlichen Burg, über ihre Waffen, Rüstungen und Fallen.

Auf die Einblicke während des Rundgangs folgen großartige Ausblicke. Die große Terrasse des Café-Restaurants bietet einen herrlichen Panoramablick in die Kärntner Landschaft.

SCHLOSS PORCIA

Prunkstück von Spittal a. d. Drau ist das im 16. Jahrhundert vom spanischen Grafen Gabriel Salamanca erbaute Schloss, das Mitte des 17. Jahrhunderts in den Besitz der Fürsten Porcia kam. Das mit Säulen und Figuren geschmückte Portal führt in den Innenhof mit dreigeschossigen Arkaden (Römersteine aus St. Peter im Holz beachten!) In den oberen Stockwerken lädt das Museum für Volkskultur (Kinderprogramme MUKI!) zu einem Rundgang, zu ebener Erde verspricht ein Café stilvolle Rast. Im Sommer wird der Arkadenhof zur Bühne: Da sorgen schon seit 1961 Komödienspiele für »das leichte Lachen«.

WEITERE INFORMATIONEN

Burg Hochosterwitz:
www.burg-hochosterwitz.com
Theater auf Schloss Porcia:
www.ensemble-porcia.at

35 Baden wie im Mittelalter – das Karlbad

Heilende Höllenglut, heiße Steine und Dampf im Holztrog

Runde, wie geschliffen wirkende Bergkuppen, die »Nocken«, dazu eine Alpenstraße, die sich in weiten Windungen an bunten Blumenwiesen, grünen Almmatten, glasklaren Bergbächen und riesigen Zirben-, Fichten- und Lärchenwäldern entlangschlängelt: Der Nationalpark Nockberge ist eine Landschaft von nahezu überirdischer Schönheit. Und wie nicht von dieser Welt wirkt auch das urige Karlbad mittendrin.

Zwischen Mitte Juni und Mitte September erschallt in aller Früh im Karlbad der Ruf »Booodn!«. Genauer gesagt in dem seit Jahrhunderten bestehenden, in eine Mulde an den Hang des Königstuhls geschmiegten Gasthaus und Heilbad im Karlbad. Dieser Ruf rüttelt die Gäste der sieben Doppelzimmer – elektrisches Licht gibt es hier nicht und wird es in naher Zukunft auch nicht geben – aus den Federn. Und er dreht die Zeit zurück. Um zwei Jahrhunderte, vielleicht sogar um noch mehr. Denn wer ins traditionelle Karlbad zur Kur kommt, um Gicht und Rheuma vorzubeugen, der badet wie im Mittelalter.

Ab in den Lärchenholztrog!

Der Tag beginnt für den Geschäftsführer und Bademeister schon im Morgengrauen. Er zündet vor der Hütte einen großen Holzstoß an, in den einige Lagen Bachkiesel geschichtet sind. Die Kiesel bleiben so lange im Feuer, bis sie glühen. Dann werden sie in die 14 großen Lärchenholztröge in dem urigen Badgewölbe gekippt, in die zuvor über Holzrinnen frisches Quellwasser aus der leicht radioaktiven Karlquelle geleitet wurde, die unter dem Haus entspringt. Es zischt und dampft, knistert und kracht: Die glühenden Steine zerspringen im eiskalten Wasser, und sobald sich dieses er-

Sobald die glühend heißen Steine ins Wasser kommen, zerspringen sie unter Zischen und Krachen (unten). Eine Dreivierteltunde dauert das heilsame Bad im Lärchenholztrog (rechts oben).

wärmt, laugt es ihre wertvollen Mineralien aus. Wenn das Badewasser eine Temperatur von rund 40 Grad erreicht hat, steigen die Gäste nackt in die großen, alten Lärchenholztröge, und diese werden bis in Brusthöhe mit Holzdeckeln verschlossen. Dann herrscht Ruhe in dem dampfenden, dämmrigen Raum, den nur schwache Strahlen der Morgensonne erhellen. Nur das leise Plätschern der Quelle und das Knistern des Holzfeuers sind zu hören. Und von Zeit zu Zeit ein Zischen, wenn heiße Steine nachgefüllt werden.

Zauberhafter Nationalpark

Gebadet wird eine Dreiviertelstunde lang, danach ist »Bettruhe«. Am Nachmittag aber haben die Badegäste Zeit und Muße, die Umgebung zu erkunden, und das ist ein Erlebnis der ganz besonderen Art.
Der Nationalpark Nockberge punktet weder mit schroffen Felswänden noch mit himmelstürmenden Dreitausendern. Sein Erscheinungsbild prägen unzählige kuppenartige Erhebungen, die »Nocken«, und grasbewachsene Berggipfel, die höchstens etwas über 2400 Meter hoch sind. Die Nockberge gelten als erdgeschichtliche Rarität, als eine der interessantesten Mittelgebirgsformationen Europas. Für Geologen und Mineralogen sind sie eine wahre Schatztruhe, denn viele ihrer Gesteine wie Glimmerschiefer, Paragneise und Quarzphylite sind über 500 Millionen Jahre alt, entstanden durch den wiederkehrenden Wechsel von Meer und Land, Wüste und Urwald. Ihr Antlitz verdanken die sanften, rundlichen »Nocken« den Eiszeitgletschern, die sie abschliffen und schroffe Kare zurückließen, in denen sich später klare Bergseen bildeten.
Die 34 Kilometer lange Mautstraße durch den Nationalpark gilt mit ihren 52 Kehren als »Motorradhimmel«. Wegen der nicht allzu großen Steigungen ist sie aber auch bei Radfahrern beliebt, und Wanderer finden unzählige markierte Routen. Wer zu Fuß unterwegs ist, kann auf den Alpenwiesen den Echten Speik, wohlgenährte Murmeltiere und den größten Zirbenwald der Ostalpen entdecken. Für Information in kleinen Ausstellungen und kulinarische Genüsse sorgen an der Mautstraße die Zechneralm, die Glockenhütte und die Pfandlhütte.

GMÜND UND PORSCHE-MUSEUM

Die mittelalterliche Ringmauer samt vier Toren, der von historischen Bürgerhäusern mit Zunftschilden gesäumte Hauptplatz, die von Schwibbögen überspannten Gässchen und die mächtige Burgruine machen einen Spaziergang durch Gmünd zu einem Ausflug in längst vergangene Zeiten.
Gmünd ist aber auch eine moderne Künstlerstadt. Besucher sehen in der Galerie Gmünd Ausstellungen junger Talente und im Stadtturm Großausstellungen renommierter Künstler der klassischen Moderne, sie können Künstler in ihren Ateliers aufsuchen, ihre Arbeiten auf der Alten Burg oder in Hausgalerien begutachten oder an Seminaren teilnehmen.
Und dort, wo 1944 bis 1950 Ferdinand Porsche das erste Auto mit seinem Namen baute, richtete Helmut Pfeifhofer 1982 das einzige Porsche-Museum Europas ein, dessen Exponate einen Abstecher wert sind.

WEITERE INFORMATIONEN

Porsche Automuseum:
www.auto-museum.at

Zum Ossiachersee führt die Skulpturenstraße.

36 Vom Fluss zum See – Skulpturenstraße Krastal

Der Ossiacher See als Hotspot der Kultur

Eines der bedeutendsten Musikfestivals des Landes, der Carinthische Sommer, Günther Domenigs Steinhaus, in dem sich Architektur spektakulär erleben lässt, oder der populäre Kunsthandwerksmarkt im August: Der Ossiacher See und seine Umgebung sprühen geradezu vor Kunst und Kultur. Eines der Highlights ist die Skulpturenstraße Krastal.

Der weiße Stein hat in der Umgebung von Weißenstein eine lange Tradition. Schon die Römer bauten bei Gummern weißen Marmor ab. Die Tradition der Bildhauerei wird aber auch in die Gegenwart fortgeschrieben. Seit 1967 arbeiten Bildhauer im Steinbruch Lauster, und das von Karl Prantl und seinen Mitstreitern initiierte Symposion Krastal wurde jahrzehntelang durch Bildhauer und Bildhauerinnen rund um Otto Eder geprägt.

Die Skulpturenstraße »Vom Fluss zum See« wurde 2004 als EU-Leader-Projekt nach Plänen des Architekten Peter H. Schurz angelegt und 2005 fertiggestellt. Seither säumen die sieben Kilometer lange Landesstraße durchs Krastal, die zwischen den Gemeinden Weissenstein und Treffen verläuft und das Drautal mit dem Gegendtal verbindet, 15 Skulpturenstationen, die von 27 in- und ausländischen Künstlerinnen und Künstlern geschaffen wurden.

art-lodge

Wer Kunst noch näher erleben möchte, ist mit einem Abstecher zum Afritzer See und zur art-lodge bei Verditz gut beraten. Hier hat das Sammlerehepaar Katrin Liesenfeld-Jordan und Dirk Liesenfeld die Kunstalm initiiert. Kein klassisches Hotel, sondern einen künstlerischen, inspirierenden Ort der Ruhe. Gästen stehen 15 Studios, Suiten und »TinyHouses« und im Haupthaus fünf von Künstlern gestaltete »Artists' Rooms« zur Verfügung. Info: www.art-lodge.at

37 Paradies für Ruhesuchende – der Weißensee

Der Weißensee ist ein besonderes Naturjuwel.

Wo sich in der Natur Kraft tanken lässt

Er ist der höchstgelegene Badesee der Alpen und zugleich der idyllischste: Von den rund 23 Kilometer langen Ufern des Weißensees ist nur ein Drittel verbaut, der Rest ist Natur pur. Die Bergkulisse, das klare Wasser, die Seerosen und die leichte Sommerbrise, das alles macht den See zu einer besonderen Landschaft für besondere Gäste.

In der Hochsaison befinden sich bis zu 5000 Urlauber am Weißensee. Auch wenn es dann in der Umgebung der einzigen Brücke über den See manchmal sogar so etwas wie einen Verkehrsstau im Taschenformat gibt, ist von Trubel kaum etwas zu spüren. Der Großteil der Gäste sind Menschen, die »Stille in Bewegung« suchen. Und die versuchen, durch Yoga, Qi Gong, autogenes Training, Shiatsu und Energetik-Seminare in Einklang mit sich selbst und der Natur zu kommen.

Der behutsame Umgang mit der Landschaft ist an diesem See schon lange oberstes Gebot. Als erster See Kärntens führte der Weißensee ein Verbot für Motorboote ein. Die Gemeinde verzichtete auf Großbauten und eine Durchzugsstraße und entwickelte für die Bauern ein Konzept, um die Region chemiefrei zu machen. Das Ergebnis: Blumen, Kräuter und Unkräuter sind zurückgekehrt. So bunt, so üppig und so duftend wie einst.

Sport am und auf dem Weißensee

Für die speziellen Weißensee-Gäste wird viel getan. Ein Netz von Wanderwegen führt in alpine Regionen, für Jogger wurden Laufstrecken und für Nordic-Walker Wege angelegt, und für Mountainbiker gibt es markierte Strecken. Im Winter wird der See zur größten Natureisfläche Europas. Im Rahmen der Elf-Städte-Tour im Eisschnelllauf kommen jedes Jahr Tausende Niederländer. Info: www.Weißensee.com

Almhütte auf der Hochrindl

Hüttenglück

Ringsum nur Natur und herrliche Berg-Einsamkeit, morgens unvergessliche Sonnenaufgänge und nachts der gleißende Sternenhimmel: In einer Almhütte hoch oben in den Bergen, weit weg von Hektik, Stress und dringenden Terminen, wird das einfache Leben zum Hochgenuss.

Die saftigen Wiesen der österreichischen Almen sind im Sommer nicht nur für Schafe und Rinder die reine Freude, sondern auch für stressgeplagte Städter und Naturliebhaber. Am Morgen in einer urigen Hütte aufzuwachen, mit einer Tasse Kaffee vor die Tür zu treten, die würzige Luft einzuatmen, durch taufrisches Gras zu laufen und ringsum leises Glockengebimmel zu hören, das garantiert Erholung und Entspannung fernab von Verkehrslärm und Computer.

Für Familien bedeutet der Urlaub auf der Alm Abenteuer, Spaß und Natur pur. Hier können Kinder von früh bis spät auf Entdeckungsreise gehen, Almwiesen und Bergwälder als riesengroßen Spielplatz erleben, seltene Tiere oder weidende Rinder und Schafe beobachten oder im Bach nach schönen Kieselsteinen suchen, und das alles barfuß.

Hautnah lässt sich das einfache Leben auf einer bewirtschafteten Almhütte spüren, im Matratzenlager oder im einfachen Holzbett mit karierter Bettwäsche. Hütten stehen in den österreichischen Bergregionen in unzähligen Varianten zur Verfügung. Urig und einfach, ohne elektrisches Licht und fließendes Wasser und mit einem Holzofen zum Einheizen. Da Plumpsklo, rußende Petroleumlampen, Kerzen zur Beleuchtung und kaltes Wasser nicht jedermanns Sache sind, gibt es aber auch schon unzählige Almhütten und Chalets in Luxusausführung, ausgestattet mit Sauna, Kachelöfen und mehreren exklusiv möblierten Räumen.

In sieben österreichischen Bundesländern kann man für ein paar Wochen Herr in der eigenen Hütte werden. In Vorarlberg, Tirol, Kärnten, Nieder- und Oberösterreich, im Salzburger Land und in der Steiermark warten rund 420 qualitätsgeprüfte Hütten auf große und kleine Senner auf Zeit. Wichtig ist es, bei der Auswahl der Alm- oder Jagdhütte oder des Chalets auf die Höhenlage zu achten. 900 oder 2200 Meter Seehöhe – das macht einen gewaltigen Unterschied. Je höher, desto rauer und kühler ist die Luft, besonders nachts und am Morgen. Und wenn es dann auch noch gilt, sich den Schlaf in der Früh an einem eiskalten Brunnen aus den Augen zu waschen, dann kann das ganz schön frostig werden.

Bei Familien mit Kindern wird der Almurlaub auf einer bewirtschafteten Hütte immer beliebter. Dort dürfen die Kinder bei der Stallarbeit oder beim Heumachen helfen. Sie lernen, mit den Tieren umzugehen, erfahren, dass die Milch nicht nur aus dem Supermarkt kommt, und können beim Käsen, Speck-Räuchern oder Brotbacken zuschauen. Alles höchst aufregend und dazu angetan, die Wangen rot zu färben, beim Essen herzhaft zuzugreifen und nachts tief und fest zu schlafen.

Almhütte auf der Hörandalm im Nationalpark Gesäuse (oben). Die Alexanderhütte auf der Millstätter Alpe mit Blick auf den Millstätter See (links).

Der hoch gelegene Wolayersee, ein Highlight am Karnischen Hauptkamm (oben). Der Weiler Raut im Lesachtal mit seinen hoch gelegenen Bauernhöfen (rechts unten).

38 Das naturbelassenste Tal Europas – das Lesachtal

Wo die Zeit einfach stehen geblieben ist

Tief im Tal braust die Gail, deren keltischer Name »die Überschäumende« bedeutet, zu beiden Seiten steigen steile Hänge auf, gepflegte Bauernhöfe und weiße Kirchlein grüßen herunter, und immer wieder ergeben sich Aus- und Einblicke in die herrliche Gebirgswelt. Das von Kärnten Richtung Osttirol verlaufende Lesachtal erhielt vor wenigen Jahren die Auszeichnung »Naturbelassenstes Tal Europas« durchaus zu Recht.

Die Fahrt durch das Lesachtal ist wie eine Reise in die Vergangenheit. Praktisch abgeschnitten von großen Ballungszentren, blieb dieses Tal in Zeiten, in denen anderswo Bettenburgen und pulsierende Ferienzentren entstanden, verschont. Massentourismus und Zersiedelung scheiterten an den steilen, schroffen Wänden, und auch der Durchreiseverkehr war nie ein Thema. So konnte sich das tief eingeschnittene Tal seine ursprüngliche Schönheit und stille Größe bewahren.

Für die Entstehung des Lesachtals zeichnet die energische Gail verantwortlich. Sie hat sich im Laufe der Zeit immer tiefer in die ursprünglich ebene Talsohle hineingefressen, bis ein 150 Meter tiefer Canyon entstanden war. Von der einstigen Talsohle blieben kleine Ebenen zurück, auf diesen errichteten Bergbauern ihre Gehöfte und Weiler. So kommt es, dass einzelne Höfe über dem Tal thronen wie auf einem Logenplatz.

Tourismus ja, aber sanft

Das wildromantische Tal trägt den ehrenvollen Titel »Naturbelassenstes Tal Europas«. Mit Problemen hat es dennoch zu kämpfen: Nach dem Niedergang der traditionellen Berglandwirt-

schaft, die ohne Unterstützung kaum noch überlebensfähig ist, bietet der Tourismus eine Chance. Dabei setzt das Lesachtal auf sanften Tourismus. Die Anzahl der Gästebetten wurde freiwillig begrenzt.
Wer das Lesachtal mit dem Auto erkundet, folgt der Straße vorerst auf halber Höhe der Berghänge. Die Gail ist nicht zu sehen, nach oben hin aber ergeben sich faszinierende Ausblicke. Da grasen Schaf- und Rinderherden auf steilen Hängen, strecken kleine weiße Kirchlein ihre spitzen Türme von Felsvorsprüngen hoch und lugen einschichtige Bergbauernhöfe herunter. Das Sonnenlicht und die Schatten, die oft wie mit langen Fingern über die Landschaft streichen, wechseln rasch, sie erzeugen eine eigenartige, nahezu magische Atmosphäre.

Kapellen und Nachtwächter

Ein ganz besonderer Ort ist Maria Luggau. Seine barocke Kirche Maria Schnee ist seit Jahrhunderten das Ziel von Pilgern. Dass viele nicht vergeblich gekommen sind, zeigen die in frommer Dankbarkeit gestifteten Devotionalien und Votivtafeln. Ab Untertilliach öffnet sich das Tal ein wenig. Sobald in der Ferne der Ort Obertilliach zu sehen sieht, bietet sich ein einzigartiger Anblick: In dem nun breiten Talboden steht eine schneeweiße Kapelle hinter der anderen in der grünen Wiese, alle umgeben von kleinen Heustadln aus Holz. Ein Bild der zeitlosen Harmonie.
Auch die dicht gedrängten Holzhäuser von Obertilliach lassen vergessen, dass die Zeit etwas Vergängliches ist. Das Ortsbild hat sich seit Jahrhunderten nicht verändert. Obertilliach ist der einzige Ort Österreichs, in dem es noch einen Nachtwächter gibt. Sobald es dunkel wird, zieht er seine Runden. Zur Vorsicht, denn es gab schon Brandkatastrophen, die schlimmste wütete 1917. Auch Kartitsch ist ein Ort, der schon viel durchgemacht hat. Heute liegt er zwar friedlich da, im Ersten Weltkrieg war Kartitsch aber unmittelbares Frontgebiet. An diese furchtbare Zeit erinnern alte Schützengräben und der Soldatenfriedhof mit 146 Grabstätten.
Die Straße schlängelt sich von Kartitsch in vielen Windungen weiter. Sobald sie ebenes Terrain erreicht, wirkt die Umgebung belebter, und plötzlich ist auch mehr Verkehr: Hier mündet das fast ein bisschen weltentrückte Lesachtal in das lebhafte Drautal.

EINKAUFSFREUDE

Das Lesachtal setzt nicht nur auf sanften Tourismus, sondern auch auf Produkte von hoher Qualität. So gibt es auf dem Jöhrerhof der Familie Unterguggenberger Wolle und Käse, Steppdecken und herrlichen Schafskäse zu kaufen. In Kornat fertigt Johannes Obernosterer schönen Hirschhornschmuck und Laubsägearbeiten. Selbst gemachte und handgefertigte Produkte bietet der Hofladen Kammerlander: Marmeladen, Fruchtsirupe, handgestrickte Socken, Stutzen, Trachtenwesten sowie Kreuzstichstickereien und Häkelarbeiten. Michaela Scherer aus Obertilliach ist die Herrin über die Lesachtaler Tracht, sie stattet komplette Musikkapellen aus. In ihrer kleinen Schneiderei fertigt sie gerne Modelle nach Maß. Aber das sind nur einige von vielen, bei denen das Einkaufen richtig Freude macht.

39 Kärntens schönstes Bergdorf – Heiligenblut

Urlaubsparadies am Fuß des Großglockners

Den bleistiftdünnen Kirchturm grazil hochgestreckt, die wenigen Häuser dicht gedrängt, so liegt Heiligenblut vor der Kulisse des mächtigen Großglockners. Es wirkt malerisch und selbstbewusst, und auf seltsame Art auch schutzbedürftig. Aber das trifft auf die ganze Region zu. Denn so mächtig, stabil und unverwundbar die Bergriesen dieser Region auch aussehen mögen, sie bedürfen strenger Schutzmaßnahmen.

Eines der beliebtesten Fotomotive des Landes: die Kirche von Heiligenblut (unten). Der Fallbach Wasserfall im Maltatal (rechts oben).

Heiligenblut ist ohne Zweifel eines der schönsten Bergdörfer der Alpen. Es liegt malerisch am Fuß des Großglockners und im Herzen des Nationalparks Hohe Tauern. Eine wahre Postkartenidylle, aber nicht nur das. Das meistfotografierte Bergdorf hat mehr zu bieten als pittoreske Winkel. Die schönsten Wanderwege zum Beispiel, die eindrucksvollsten Bergpanoramen und die attraktivsten Urlaubsangebote. Der Bergsommer bietet alles, was das Herz begehrt. Vorausgesetzt, feste Wanderschuhe, Rucksack und Regenschutz sind eingepackt.

Die fromme Legende

Heiligenblut ist nicht nur ein malerischer, sondern auch ein wundersamer Ort, der seinen Namen einer Legende verdankt: Vor tausend Jahren hatte der fromme Däne Briccius als Feldherr am Hof des byzantinischen Kaisers Leo in Konstantinopel gedient, dann aber zog es ihn wieder in seine Heimat. Briccius kam zwar weit, aber nicht ans Ziel. In Heiligenblut wurde er von einer Lawine verschüttet. Schnee legte sich über ihn, doch seltsam: Aus seinem Herzen wuchsen drei grüne Weizenähren hervor. Bauern entdeckten den Toten, gruben ihm ein

Grab, legten ihn hinein, aber siehe da, ein Bein ragte immer wieder heraus. Sie untersuchten es – und entdeckten eine in die Wade eingenähte Phiole mit einer dunklen Flüssigkeit. Es waren Tropfen des Blutes Christi, ein Geschenk des byzantinischen Kaisers. Heute hütet die Pfarrkirche St. Vinzenz die berühmte Reliquie und ihre Krypta das Grab des seligen Briccius. Tourismus gibt es in Heiligenblut schon seit dem Mittelalter. Erst kamen die »Säumer«, die zu Fuß die schwierige Route über das Hochtor nach Norden nahmen, dann die Wallfahrer und schließlich die Bergsteiger und Urlauber. Heute machen sich an schönen Tagen ganze Kolonnen von Bergsteigern in gut gesicherten Seilschaften auf den Weg zum Gipfel des Großglockners.

Dass die gesamte Region einen wertvollen Naturraum mit vielfältiger Flora und Fauna darstellt und dass die dringende Notwendigkeit besteht, die wertvollen alpinen Ökosysteme großflächig und ungestört zu bewahren, wurde Mitte des vorigen Jahrhunderts erkannt. In Heiligenblut unterzeichneten daher 1971 die Landeshauptleute von Kärnten, Salzburg und Tirol die Vereinbarung für den Drei-Länder--Nationalpark Hohe Tauern, das mit 1800 Quadratkilometern größte Schutzgebiet der Alpen, das dann ab 1981 realisiert wurde.

Goldwaschen gefällig?

Bergeweise Gold, das war in den Hohen Tauern schon immer ein Zauberwort, und so war es nie weit vom Tauerngold zum Goldrausch. Unterschieden wird zwischen dem »Berggold«, nach dem geschürft werden muss, und dem »Seifengold« oder »Waschgold«, das sich aus dem Sand der Gewässer herauswaschen lässt. Die Geschichte des Goldrausches und das Leben der Knappen, die zwischen dem 14. und 18. Jahrhundert nach Gold suchten, zeigt das originalgetreu nachgebaute Goldgräberdorf im Fleißtal bei Heiligenblut. Auf dem historischen Boden sind sämtliche Arbeitsvorgänge zu sehen: vom Abbau und der Förderung über Sackzug, Röststadel, Pochwerk und Amalgamation bis hin zum Schmelzofen. Das ganze Dorf ist so lebensecht geraten, als hätten die Knappen ihre Holzhütten gerade erst verlassen. Sogar das Feuer in der Schmiede glüht noch. Und wer selbst sein Glück versuchen will, braucht nur in Gummistiefel zu steigen, eine Schüssel in die Hand zu nehmen, und schon kann er im Fleißbach mit dem Goldwaschen beginnen.

DIE KÖLNBREINSPERRE

Dieser Ausflug ist Pflicht: Von Gmünd aus windet sich die 14,4 Kilometer lange Straße vorbei an 40 (!) Wasserfällen in Spitzkehren und durch tropfnasse Tunnel hoch zu dem Wunderwerk der Technik, der mit 200 Meter Höhe und 626 Meter Länge imposantesten Staumauer Österreichs. Besucher, die über die 40 Meter breite Mauerkrone spazieren, schauen auf den 4,5 Kilometer langen Stausee hinunter, der so viel Wasser speichert wie der Ossiacher See. Wer sich traut, kann an einer Führung in das Innere der Mauern teilnehmen. Bequemer ist es, vom Rundbau des Restaurants aus den Blick auf das Mammutwerk zu genießen oder im Erlebniszentrum Ausstellungen und Multimedia-Shows zu sehen.

WEITERE INFORMATIONEN

Goldgräberdorf im Fleißtal:
www.goldgraeberdorf-heiligenblut.at

Am Tauernhöhenweg in den Hohen Tauern – hinten rechts liegt der Hohe Sonnblick mit der höchsten Wetterstation Österreichs.

Die Fuscher Lacke, ein kleiner Gebirgssee an der Hochalpenstraße (oben). Die Kehren und Windungen sind die reinste Freude für alle Motorsportfans (rechts).

40 Einsame Spitze – die Großglockner Hochalpenstraße

Traumpfad mit grandioser Aussicht

Kurven, Kehren und traumhafte Ausblicke in die Bergwelt zwischen Fuscher Törl und Hochtor: Die fantastische Großglockner Hochalpenstraße ist zwar nicht der kürzeste Weg zwischen Salzburg und Kärnten, aber mit Sicherheit der schönste. Und sie entführt zu Höhenflügen. Vor allem Besucher, die auf Rädern unterwegs sind – also Autofahrer, Oldtimer- und Cabriofans, Biker und Radfahrer.

Dort, wo sich die Großglockner Hochalpenstraße durch die faszinierende Gebirgslandschaft der Hohen Tauern schlängelt, waren schon immer Menschen unterwegs. Auf dieser schwierigen Passage wurden lange Zeit knapp zehn Prozent der Handelsgüter der Ostalpen transportiert. Mit bis zu 80 Kilogramm auf dem Rücken und dem schwer bepackten Noriker am Zügel brachten die Säumer Salz, Gold, Glas, Olivenöl, Südfrüchte und den vor allem beim Klerus beliebten »Welschen Wein« über die Alpen. In der einsamen Gebirgswelt herrschte also schon immer reger Verkehr.

Der Straßenbau als nationales Anliegen

Der Verkehr hat sich inzwischen vervielfacht. Alles begann damit, dass 1922 in Mittersill eine Kommission zusammentrat, um »die Ausbauwürdigkeit einer fahrbaren Wegverbindung von Fusch nach Heiligenblut« zu prüfen. Zu diesem Zeitpunkt galt das zum Kleinstaat geschrumpfte Österreich als lebensunfähig. Je stärker sich die Lage durch Wirtschaftskrise, Inflation und Arbeitslosigkeit verdüsterte, desto stärker stiegen die Chancen für das kühne Projekt. Bot es doch die Möglichkeit, die Arbeitslosigkeit einzudämmen und den Fremdenverkehr anzukurbeln.

Die Idee nahm bald konkrete Gestalt an. Im Herbst 1924 legte ein forscher Landesbaurat mit scharf geschnittenen Gesichtszügen und Pullmannkappe, seinem späteren Markenzeichen, ein Konzept für eine Trassierung vor. Diesem Ingenieur Franz Wallack (1887–1966) wurde zwar Anerkennung gezollt, bis zur Realisierung mussten er und der damalige Salzburger Landeshauptmann Franz Rehrl (1890–1947) aber noch Jahre kämpfen. Denn für die nur drei Meter breit geplante Straße war das horrende Budget von drei Millionen Schilling veranschlagt – und das nur für die Billigvariante. Am 30. August 1930 endlich konnte Wallack in Ferleiten den ersten Sprengschuss zünden lassen. Von da an wurde mit Hochdruck gearbeitet. Auf der gigantischen Baustelle waren rund 3200 Mann beschäftigt. Es waren Arbeitslose, frühere Friseure, Bäcker oder Kellner, die jetzt als »Glockner-Baraber« ihr Bestes gaben – und gutes Geld verdienten.

Die kürzeste Verbindung zwischen Salzburg und Kärnten ist die Straße nicht, dafür aber die schönste (unten). Murmeltiere sind die absoluten Stars dieser Region (rechts oben).

Der Bau der Straße wurde zu einem nationalen Anliegen, zu einem Zeichen für den Aufschwung. Und die »Glockner-Baraber« galten als »Helden der Arbeit«. Sie wohnten in Baracken am Fuß riesiger Geröllhalden, hatten in steilen Felswänden waghalsige Bohr- und Sprengarbeiten zu leisten oder in Kolonnen zu Hunderten mit urtümlichen Walzen und Geräten die Straße zu ebnen. Die Leistung, die sie in 1,8 Millionen Arbeitsschichten erbrachten, ist auch heute noch beeindruckend: In 26 Baumonaten wurden 870 000 Kubikmeter Erde und Fels bewegt, 115 750 Kubikmeter Mauerwerk geschaffen und 67 Brücken gebaut.

Europas schönste Panoramastrecke

Die Mühe lohnte sich. Als die Großglockner Hochalpenstraße am 3. August 1935 eröffnet wurde, galt sie als die schönste Panoramastraße Europas. Und als Meisterwerk der Technik mit beeindruckenden Eckdaten: 47,9 Kilometer Länge, 27 Kehren, 60 Brücken, 600 Rohrdurchlässe, zwei Straßentunnels, eine Höhendifferenz von 2000 Metern, eine 1,8 Kilometer lange Stichstraße zur Edelweißspitze und eine zweite, 8,6 Kilometer lange, zur Kaiser-Franz-Josefs-Höhe.

Ebenso bewundernswert wie die technischen Leistungen sind der Schönheitssinn, die Sensibilität und das Einfühlungsvermögen des Planers Franz Wallack. Er sorgte dafür, dass sich die Straße voll Anmut in die Landschaft schmiegt, dass ihre Windungen und Kehren graziös und elegant wirken und ihr Verlauf immer neue Ausblicke bietet. Das war kein Zufall. Denn das erklärte Ziel war es, mit dieser Straße »eine neue Sensation auf dem Gebiet des bequemen Genusses erstklassiger Hochgebirgsschönheiten zu schaffen«.

Die Straße steigt auf der Salzburger Seite vom Talboden von Ferleiten auf, führt zum Hochmais mit dem von imposant in die Tiefe rauschenden Wasserfällen gesäumte Käfertal und weiter in das Unternassfeld mit der wildromantischen Hexenküche, in der sie das bizarre Trümmerfeld eines Bergsturzes passiert. In der klaren,

würzigen Bergluft schraubt sie sich in weiten Kehren immer höher hinauf in die zunehmend karge, gewaltige Bergwelt. Allein vom Aussichtspunkt am Edelweißgrat aus sind 30 Dreitausender zu sehen, die mit ihren steilen Felswänden und Eisfeldern blau in der Ferne schimmern.
Zu dem mit 2571 Metern höchsten Punkt, der Edelweißspitze, zweigt eine Stichstraße ab. Zurück auf der Hauptroute, geht es dann weiter zum Scheitelpunkt der Straße, dem Hochtor, und zur Kaiser-Franz-Josefs-Höhe. Dort präsentiert sich der höchste Berg Österreichs, der 3798 Meter hohe Großglockner, in voller Pracht, ihm zu Füßen liegt die neun Kilometer lange Gletscherzunge der Pasterze, und in unmittelbarer Nähe ragt der schneebedeckte Johannisberg auf.
Eine der Hauptattraktionen ist der Gamsgrubenweg. Der Panoramaweg führt von der Kaiser-Franz-Josefs-Höhe mitten hinein ins Sonderschutzgebiet des Nationalparks Hohe Tauern. Der Weg garantiert wunderschöne Ausblicke, mit etwas Glück sogar auf Steinböcke. Sechs Tunnel entführen in die Mythen- und Sagenwelt der Region, und Pulttafeln vermitteln Wissenswertes. Zurück auf der Kaiser-Franz-Josefs-Höhe bietet das Besucherzentrum Ausstellungen und zahlreiche Attraktionen.

Auch dort, wo sich die Straße auf der Kärntner Seite in Richtung Heiligenblut hinunterschlängelt, tun sich immer neue Perspektiven auf. Die bizarr geformten Felsen, die Geröllhalden, die grünen Almmatten und die mit weißer Gischt schäumenden Bäche bieten faszinierende Ein- und Ausblicke.

Die Straße lebt

Die Glocknerstraße lebt, sie entwickelt sich weiter, wurde breiter, sicherer und komfortabler. Ausstellungen und Museen, Hütten und Berggasthöfe, Besucherzentren und Infostellen sind entstanden. Als Traumstraße gilt sie überdies. Für Radfahrer stellt die »Glocknerkönig-Strecke« eine Herausforderung dar, und motorisierten Bikern bieten die genialen Kurven ein Fahrerlebnis, wie es eindrucksvoller nicht sein könnte. Cabriofahrer wiederum genießen es, die würzige Bergluft um die Ohren zu haben. Und Oldtimerfans kommen in den Kehren ihrem Ideal nahe, dem genussvollen Reisen ohne Stress.
So bietet die Strecke reinen Fahrspaß für alle. Und sie findet auch von hoch offizieller Seite Anerkennung. Seit 2015 steht sie unter Denkmalschutz, und bald soll sie in die Liste des UNESCO-Weltkulturerbes aufgenommen werden.

DIE PASTERZE

Trotz »Schwindsucht« infolge des Klimawandels ist die Pasterze mit rund 20 Quadratkilometern der größte Gletscher Österreichs und der längste der Ostalpen. Wie rapide sie abnimmt, führt die Standseilbahn vor Augen, die von der Kaiser-Franz-Josefs-Höhe zu der eisigen Zunge führt: Als sie 1963 in Betrieb genommen wurde, endete sie am Gletscherrand, heute ist dieser bereits nur noch durch eine 300 Meter lange Holztreppe erreichbar. Auch in der Dicke verliert der Gletscher jedes Jahr rund zehn Meter. Das Wasser der Pasterze speist den Stausee Margaritze unterhalb des Glocknerhauses, sie ist auch das Quellgebiet der Möll.

WEITERE INFORMATIONEN

www.grossglockner.at
www.nationalpark-hohetauern.at

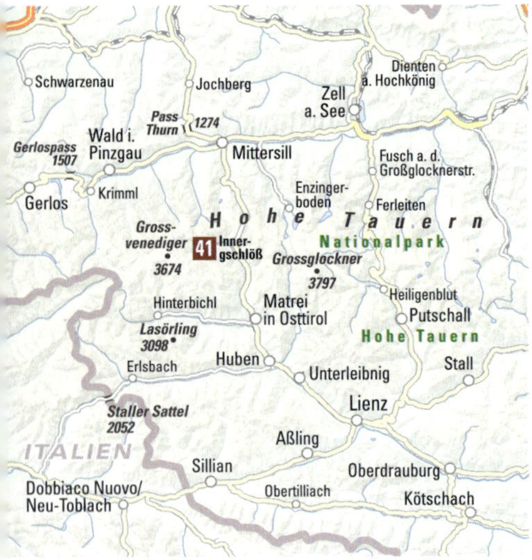

41 Wie nicht von dieser Welt – Außer- und Innergschlöß

Wanderung zum ewigen Eis

Auf der Felbertauernstraße ordentlich Gas geben, dann in Osttirol rein in den Tunnel und auf der anderen Seite raus in Salzburg: So passieren täglich Hunderte Fahrzeuge das Matreier Tauernhaus. Wer aber anhält und den Gschlößbach entlangwandert, gelangt in eine geradezu märchenhafte Welt: in das zu Recht als schönster Talschluss der Alpen gerühmte Innergschlöß am Fuß des majestätischen Großvenedigers.

Seit Jahrhunderten unverändert: die Hütten im Gschlößtal (unten). Der Gletscherwanderweg führt beständig bergan bis zur gewaltigen Eiszunge (rechts oben).

Das Auto parken, feste Wanderschuhe und Windjacken anziehen, einen kleinen Rucksack mit etwas Proviant schultern und dann los auf Schusters Rappen, das ist die beste Art, Innergschlöß im Nationalpark Hohe Tauern zu erkunden. Die einzige Möglichkeit ist das aber nicht. Bequemer geht es mit dem neuen Traktor-Bummelzug, per Taxibus oder – gegen Voranmeldung – mit der Pferdekutsche. In jedem Fall aber führt die Strecke entlang dem Gschlößbach wie in eine andere, verzauberte Welt.

Almhütten-Romantik

Gleich zu Beginn der knapp drei Stunden dauernden Rundwanderung ist eine Entscheidung zu treffen zwischen dem breiten Fahrweg oder dem interessanteren schmalen Wanderweg auf der linken Bachseite. Beide führen nach einer guten halben Stunde ins Außergschlöß, und hier heißt es innehalten: Zum einen öffnet sich der Blick auf den majestätischen Großvenediger, und zum anderen sind in der Almsiedlung schöne alte Almhütten zu bestaunen. In der romantischen Felsenkapelle empfiehlt sich noch

eine kurze Andacht, dann ist das Ziel erreicht: Innergschlöß, ein Ort wie nicht von dieser Welt. Die seit hundert Jahren unveränderten Almhütten, der milchig grüne Gschlößbach, die weiten Almmatten und mittendrin das Venedigerhaus, das alles vermittelt Almromantik. Allerdings wird die Almwirtschaft nur noch von wenigen Bauern betrieben, viele Hütten stehen leer, einige werden an Urlauber vermietet.

Gletscher zum Anfassen

Ein ganz besonderes Erlebnis verspricht der »Gletscherweg«, der nach halbstündigem Fußmarsch auf dem Fahrweg Richtung Materialseilbahn der Prager Hütte beginnt. Naturgemäß ist er nicht ganz so gemütlich wie der bisher verlaufene Weg – sein Schwierigkeitsgrad wird als »mittel« bezeichnet –, die vierstündige Rundwanderung zu einem der imposantesten Gletscher der Alpen garantiert aber ein unvergessliches Erlebnis.
Der »Gletscherweg Innergschlöß« führt zuerst als kleiner Steig an dem rauschenden, vom Schlatenkees gespeisten Wasserfall bergan. An einigen Stellen leicht seilgesichert geht es weiter zu einem Moränenwall und dann auf den Salzboden. Schon sind die nötigen Höhenmeter geschafft, und der Weg verläuft gemütlich weiter zum Salzbodensee. Und jetzt sind es nur noch wenige Minuten zum allerschönsten Flecken dieser Wanderung, dem »Auge Gottes«, einem kleinen Tümpel mit einer von Wollgras bewachsenen Insel in der Mitte.
Vom See führt der Weg weiter über die Seitenmoräne des Schlatenkeeses und dann hinunter in den Vorbereich des Gletschers. Je näher er an die gewaltige Eiszunge kommt, desto frischer wird es. Fast ist es, als wäre der kühle Atem des ewigen Eises zu spüren, und dann kommt auch das Gletschertor in Sicht, aus dem der durch den mitgespülten Gesteinsstaub gelblichgrau gefärbte Schmelzwasserstrom abfließt, die Gletschermilch. Dort, wo sich in der beständig in Bewegung befindlichen Gletscherzunge Spalten auftun, schimmert es tiefblau durch. Eine schmale Brücke überquert einen der Quellbäche des Schlatenbaches, dann steigt der Weg wieder an, über vom Gletscher glatt geschliffene Steinplatten zum höchsten Punkt dieser Wanderung auf 2230 Meter. Der Abstieg erfolgt über den sich stetig in Serpentinen windenden Hüttenweg hinab ins Innergschlöß – und dann ist eine Rast im Venedigerhaus angesagt.

NATIONALPARK HOHE TAUERN

Der 1991 verwirklichte Nationalpark Hohe Tauern wird oft als »Schatztruhe der Alpen« bezeichnet. Mit knapp 1800 Quadratkilometern erstreckt er sich über die Länder Kärnten, Salzburg und Tirol. Er gliedert sich in eine Kern- und eine Außenzone. Erstere umfasst das hochalpine Urland mit Gletschern und bizarren Felsregionen, den Lebensraum von Steinbock, Adler, Murmeltier und Co. In diesem Bereich ist jeder Eingriff in den Naturhaushalt untersagt. In der Außenzone hingegen soll das von Bergbauern gestaltete Kulturland erhalten bleiben. Für Besucher ist dieses Gebiet eine Geh- und Sehschule, die den Vergleich mit amerikanischen Nationalparks nicht zu scheuen braucht – eine der großartigsten Landschaften der Welt.

WEITERE INFORMATIONEN

www.nationalpark-hohetauern.at

Tirol und Vorarlberg

Der wilde Westen

»Rigoletto«: eines der spektakulären Bühnenbilder auf der Seebühne (links). Der Malzberg im Montafoner Gargellen (rechts oben). So sehen glückliche Kühe im Bregenzerwald aus (rechts unten).

Besonders stimmungsvoll: Nebelbänke über dem Achsensee

Route in den »wilden Westen«

Funkelnde Träume, Seen und herrliche Berge

Das Land der Berge und das »Ländle«, Tirol und Vorarlberg, das ist der Westen Österreichs. Eine Region von atemberaubender Schönheit. Diese Tour, für die mindestens 12 Tage einzuplanen ist, führt zu glitzernden Kristallen, in eine faszinierende Bergwelt, zu einzigartigen Kunstschätzen und zu grünen Almen, auf denen heute wie einst köstlicher Käse produziert wird.

Toureninfo

Start: Innsbruck
Ziel: Wattens–Achensee–Faschinajoch–Bregenz–Montafon–Bregenzerwald
Länge: 400 km
Dauer: 12 Tage
Beste Reisezeit: Sommer, Herbst
Sehenswertes: Die Berge und »Alpen«, wie im alemannischen Sprachraum die Almen genannt werden, sind in Vorarlberg der ideale Ort für Wanderungen.
Unterkunft: Das Hotel Madrisa in Gargelen ist ein Ort der Stille und Ruhe fernab vom Alltagstrubel.

Weitere Infos

Tirol besitzt eine Vielzahl herrlicher Panoramastraßen. Neben der Silvretta-Hochalpenstraße sorgen unter anderen die Kaunertaler Gletscherstraße, die Timmelsjoch-Hochalpenstraße, die Zillertaler Höhenstraße oder die Pustertaler Höhenstraße für Hochgefühle und traumhafte Panoramablicke.

Schon die Anfahrt nach **42 Innsbruck** ist ein Erlebnis: Der grüne Inn im Vordergrund, die spektakuläre Bergkulisse der Nordkette im Hintergrund und dazwischen die Stadt mit ihrer bunten Häuserzeile am Ufer und den in den Himmel ragenden Türmen, das ist ein sensationeller Anblick. Das ist aber noch lange nicht alles, was Innsbruck zu bieten hat. In der Altstadt lassen sich neben den markanten Wahrzeichen wie dem »Goldenen Dachl« einzigartige Kunstschätze entdecken – darunter auch so manche Skurrilität. Die **43 »Schwarzen Mander«** in der Hofkirche zum Beispiel, Kaiser Maximilians pompöses Grabmal, das zwar leer, dafür aber von 28 bronzenen Wächtern umgeben ist. In der Bilderbuchburg **44 Schloss Ambras,** Erzherzog Ferdinands Prunkschloss, warten die neu hergestellte Kunst- und Wunderkammer, die Rüstkammern, die Habsburger Porträtgalerie und die Gärten geradezu darauf, Besuchern Ausrufe des Erstaunens und der Bewunderung zu entlocken.

Faszinierende Kristallwelten

In dem nur 17 Kilometer östlich von Innsbruck gelegenen **45 Wattens** empfängt der große, wasserspeiende Riese mit funkelnden Augen seine Gäste und lässt sie in seine fantastisch inszenierten unterirdischen Wunderkammern rund um das Kristall eintreten. In die Kristallwelten, in denen Wunder über Wunder zu erleben sind.
Dass Innsbruck nur 55 Kilometer vom »Meer« entfernt ist, hat mit dem smaragdgrün bis ultramarinblau schimmernden **46 Achensee** zu tun. Dieser von einer wunderbaren Bergkulisse umgebene Gebirgssee wird »das Meer Tirols« genannt, nicht zuletzt, weil er eine Urlaubsregion der Extraklasse darstellt – für sportlich-aktive Urlauber genauso wie für Genießer, Ruhesuchende und Naturliebhaber.

Variantenreiches »Ländle«

Österreichs westlichstes Bundesland Vorarlberg, liebevoll »Ländle« genannt, ist zwar klein, es hat aber trotzdem jede Menge unterschiedlicher Regionen. Eine der Passstrecken mit faszinierenden Ausblicken in die Gebirgswelt ist das **47 Faschinajoch,** mit seinen Kurven und Kehren ein echtes Biker-Paradies. Urbanes Feeling im Taschenbuchformat hat die Landeshauptstadt **48 Bregenz** zu bieten. Beim Spaziergang durch die Ober- und die Unterstadt lassen sich reizvolle Winkel und historische Kostbarkeiten entdecken, und für Romantik sorgt das Ufer des Bodensees. Dort befindet sich auch das absolute Highlight, das Festspiel- und Kongresshaus mit seiner schwimmenden Seebühne. Sie wird jedes Jahr zum Schauplatz für das »Spiel auf dem See«, das mit imposanten Bühnenbildern, hervorragender Akustik und fantastischer Atmosphäre das Publikum bezaubert.
Bizarre Berge und grüne Almen charakterisieren das **49 Montafon.** Das 40 Kilometer lange, von der Ill durchflossene Hochgebirgstal, in dem die Alpwirtschaft eine lange Tradition hat, ist mit 1130 Kilometern markierten Wanderwegen ein wahres Urlaubsparadies. Nicht weniger schön, dafür aber noch unberührter ist der **50 Bregenzerwald.** Dort ist Käse seit Jahrhunderten ein liebevoll gepflegtes Kulturgut – und ein guter Grund, die Region zu besuchen.

MÜNCHEN
Karlsfeld
Olching
Ismaning
Markt Schwaben
Fürstenfeldbruck
Germering
Gilching
Planegg
Ottobrunn
Hohenbrunn
Grünwald
Schäftlarn
Sauerlach
Wolfratshausen
Holzkirchen
Geretsried
Miesbach
Bad Tölz
Lenggries
Rottach-Egern
Achenpass 941
Achensee
Jenbach
Schwaz
Strass
Wattens
Kristallwelten
Hall i. Tirol
Goldenes Dachl
Grabmal Kaiser Maximilian I.
Innsbruck
Schloss Ambras
Seefeld i. Tirol
Telfs
Zirl
Mittenwald
Westl. Karwendelspitze 2385
Östl. Karwendelspitze 2538
Garmisch-Partenkirchen
Zugspitze 2962
Oberammergau
Ettal
Murnau
Kochel
Penzberg
Weilheim
Starnberger See
Ammersee
Landsberg a. Lech
Schongau
Peiting
Peißenberg
Buchloe
Bad Wörishofen
Mindelheim
Kaufbeuren
Marktoberdorf
Kempten (Allgäu)
Füssen
Forggensee
Pfronten
Reutte
Plansee
Lermoos
Ehrwald
Fernpass 1216
Nassereith
Imst
Landeck
Zams
Flirsch
St. Anton am Arlberg
Arlberg 1793
Flexenpass 1773
Stuben
Klösterle
Bludenz
Schruns
Montafon
Madererspitze 2769
Bieler Höhe 2063
Piz Buin 3312
Gargellen
Feldkirch
Rankweil
Bregenzerwald
Faschinajoch 1486
Gr. Walsertal
Kl. Walsertal
Mädelegabel 2645
Hoher Freschen 2004
Dornbirn
Hohenems
Lustenau
Bregenz
Bodensee
Lindau (Bodensee)
Friedrichshafen
Tettnang
Ravensburg
Weingarten
Wangen
Isny i. A.
Leutkirch
Memmingen
Illertissen
Krumbach
Biberach a. d. Riß
Bad Waldsee
Bad Wurzach
Bad Saulgau
Riedlingen
Laupheim
Oberstaufen
Immenstadt
Sonthofen
Oberstdorf
Vaduz
Chur
Davos Platz
Klosters-Platz
Arosa
SCHWEIZ
Scuol/Schuls
Zernez
St. Moritz
Poschiavo
Livigno
Bórmio
Samnaun
Nauders
Reschenpass 1507
Reschensee
Ischgl
Galtür
Serfaus
Pfunds
Prutz
Pitztal
Ötztal
Sölden
Wildspitze 3768
Timmelsjoch 2474
Schrankogel 3497
Stubaital
Brennerpass 1374
Hochfeiler 3509
Gries am Brenner
Steinach am Brenner
Matrei am Brenner
Vipiteno/Sterzing
Bressanone/Brixen
Chiusa/Klausen
Merano/Meran
Bolzano/Bozen
Naturno/Naturns
ITALIEN
Mayrhofen
Zell a. Ziller
Fügen

Die Reihe bunter Hausfassaden säumt das Ufer des grünen Inn (oben). Atemberaubend: die Bergisel Schanze von der Architektin Zaha Hadid von oben (rechts).

42 Die Schöne im Gebirg' – Innsbruck

Landeshauptstadt vor spektakulärer Kulisse

Zu ihren Füßen der grüne Inn und in ihrem Rücken die grandiose Bergkulisse der Nordkette: Allein die Lage der Tiroler Landeshauptstadt ist schon faszinierend. Innsbruck ist aber nicht nur eine besonders schöne, sondern auch eine liebens- und lebenswerte Stadt. Außer, wenn der Föhn von der Nordkette herunterbläst. Dann herrschen auch mitten im Winter sommerliche Temperaturen – und alle haben Kopfweh.

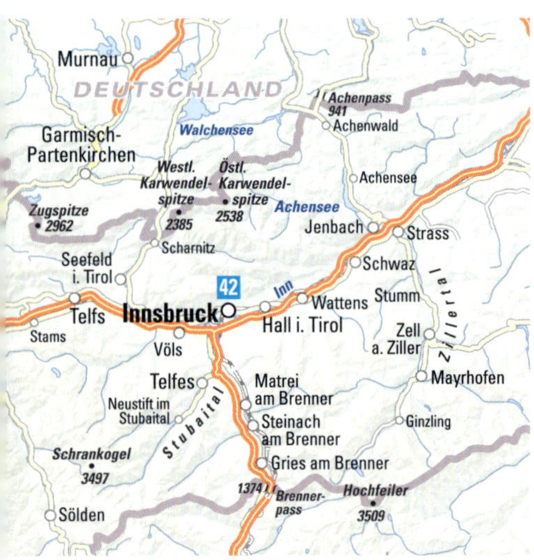

Im Rücken Innsbrucks ragt majestätisch die Bergkette der Karwendel-Nordkette auf. So wirkt die Stadt, die immer eine wichtige Funktion in der Verbindung des Nordens mit dem Süden als Handels- und Kulturstadt hatte, geradezu beschützt von steinernen Wächtern. Vielleicht waren sie es auch, die dafür sorgten, dass Innsbruck über all die Jahrhunderte seine Kunstschätze bewahren konnte. Die spektakuläre Kulisse für die prachtvollen Bauten zu beiden Seiten der Maria-Theresien-Straße bilden sie auf jeden Fall.

Der Spaziergang durch diese Hauptgeschäftsstraße in die Innsbrucker Altstadt beginnt an der Triumphpforte. Sie ist ein besonderes Bauwerk, das Maria Theresia 1765 aus Anlass der Hochzeit ihres Sohnes Leopold mit der spanischen Infantin Maria Ludovica errichten ließ. Während der Hochzeitsfeierlichkeiten starb jedoch plötzlich und unerwartet Kaiser Franz I., der Mann Maria Theresias, und so sind zwar die Reliefs der Südseite der Vermählung gewidmet, die auf der Nordseite jedoch der Trauer um den geliebten Gatten.

Nach der Triumphpforte reiht sich ein herrliches Barockpalais an das andere. Es beginnt mit dem bedeutendsten Profanbau Tirols, dem Alten Landhaus, das in den Jahren 1725 bis 1728 als Versammlungsort der Tiroler Landstände errichtet wurde. Hochinteressant ist

daneben auch das Fugger-Taxis-Palais aus dem 17. Jahrhundert mit seiner Barockfassade und dem Fries von grotesken Fratzen, das lange auch als Poststation diente.
Die 1706 errichtete Annasäule erinnert an den Spanischen Erbfolgekrieg und den Abzug der Bayern am Annatag 1703. Hoch oben auf der Säule wirkt die Madonna so zart und luftig, als wollte sie gleich in Richtung Nordkette entschweben. Entschwebt ist sie samt den vier weiteren Statuen am Sockel tatsächlich, zu sehen sind nur Kopien, die echten Statuen sind im Alten Landhaus. Ein paar Schritte geht es noch durch die Herzog-Friedrich-Straße mit hübschen alten Häusern und Laubengängen, dann ist die wichtigste Sehenswürdigkeit der Stadt erreicht.

Golden strahlt das Wahrzeichen der Stadt

Das eigentliche Wahrzeichen Innsbrucks ist das »Goldene Dachl«. Es ist ein kunstvoll gefertigter Erker, den Kaiser Maximilian um 1500 an die alte Burg anbauen ließ, damit er die auf dem Platz stattfindenden Turniere in aller Ruhe beobachten konnte. Die Legende, »Friedl mit der leeren Tasche« habe es errichten lassen, um zu beweisen, dass er doch über Geldmittel verfügte, hält sich dennoch hartnäckig. Aber so oder so, das »Goldene Dachl« ist ein Meisterwerk mittelalterlicher Handwerkskunst. Seine schlanken Säulen und Pfeiler, Fresken und Reliefplatten und die 2657 vergoldeten Dachplatten machen es zu einem echten Juwel.
Kopfzerbrechen haben der Wissenschaft allerdings zwei Dinge bereitet: Das eine war die Frage, wer der »eselsohrige Gaukler« sein könnte, der in einem Relief dargestellt ist. Dieses Rätsel ist mittlerweile gelöst: Alles deutet darauf hin, dass Maximilian seinen Vater, Kaiser Friedrich III., als Hofnarr mit Eselsohren und Narrenglöckchen darstellen ließ. Und auch das zweite große Rätsel, das Schriftband, das die Moriskentänzer – Morisken sind spanische, zum Christentum bekehrte Moslems, deren Geheimnis übrigens noch nicht gelüftet ist – verbindet und deren Zeichen fälschlich als hebräischen Ursprungs angenommen wurden, scheint geklärt. Erhard Maroschek, ein Historiker aus dem Außerfern, fand nach jahrelangem Studium die Lösung in dem Text aus dem Johannes-Evangelium, Kapitel 8, Vers 12: »Ego sum lux mundi qui sequitur me non ambulabit in tenebris sed habebit lucem vitae dicit dominus« – »Ich bin das Licht der Welt. Wer mir nachfolgt, wird nicht in der Finsternis umhergehen, sondern er wird das Licht des Lebens haben, spricht der Herr.«

Die Bergstation der Hungerburgbahn, entworfen von Zaha Hadid (unten). Die Annasäule in der berühmten Maria-Theresien-Straße (ganz unten). Das Wahrzeichen der Stadt, das »Goldene Dachl« (rechts oben).

In der Altstadt sind noch das Helblinghaus mit Rokokofassade und hübschen Erkern sowie der Stadtturm mit seiner großen Zwiebelhaube zu besuchen, der nach Überwindung von 148 Stufen einen faszinierenden Überblick über die Stadt bietet. Durch die enge Altstadt führt dann die Hofgasse zur kaiserlichen Hofburg. Sie wurde im Kern schon um 1460 erbaut, Maria Theresia ließ sie später im Rokokostil ausbauen. Mehrere Schauräume zeigen interessante Stuckarbeiten, Tapisserien und Gemälde. In dem anschließenden Dom zu St. Jakob sind besonders das Gnadenbild »Mariahilf« und die schöne Innenausstattung sehenswert.

Die Olympiastadt

Innsbruck war bereits zweimal Austragungsort der Olympischen Winterspiele, 1964 und 1976. Erstere galten als die »Spiele der langen Wege«, denn zu den Alpinen in der Axamer Lizum, zu den Nordischen in Seefeld oder zu den Bobfahrern in Igls war es vom Zentrum Innsbruck aus relativ weit. Die Bevölkerung von Colorado lehnte zehn Jahre später die Austragung der Olympischen Winterspiele des Jahres 1974 in Denver wegen der hohen Kosten und der zu befürchtenden Umweltzerstörung ab. Als Ersatzort erhielt Innsbruck den Zuschlag. Dafür sprach, dass die Sportstätten von 1964 noch intakt waren und es relativ geringer Investitionen bedurfte, um den Olympiaort wieder fit zu machen. Innsbruck baute die Sportstätten aus und um, erweiterte das Olympische Dorf – heute sozialer Wohnungsbau mit Freizeitzentrum, Hauptschule und Hallenbad – und sorgte für städtebauliche Maßnahmen. Was jedoch fehlte, war Schnee. Das österreichische Bundesheer musste aus dem Wipptal 20 000 Kubikmeter Schnee heranschaffen, trotzdem zeigte sich die gefürchtete Abfahrtsstrecke am Patscherkofel lang als weißes Band inmitten einer »grünen« Landschaft. Pünktlich eine Woche vor Beginn der Spiele setzte dann doch kräftiger Schneefall ein.

Von den Wettkampfstätten sind auch heute noch viele aktuell, allen voran die Kunsteisbahn Igls, in der die Bob- und Rodelwettbewerbe ausgetragen wurden, und das Bergiselstadion, in dem die Eröffnung stattfand. Eine international viel beachtete Veränderung erlebte die Bergiselschanze. Sie wurde 2003 nach Plänen der Londoner Architektin Zaha Hadid neu errichtet. Heute gilt das elegante, sich schlangenartig hochwindende Bauwerk als echtes Meisterstück, es wurde auch mit dem Österreichischen Staatspreis für Architektur ausgezeichnet. Es ist ein Highlight für Besucher.

2017 stand die Bewerbung für die Winterspiele 2026 zur Diskussion. Die Tiroler lehnten ab. Ihre Begründung: zweimal reicht.

HUNGERBURG UND HAFELEKAR

Von der Innsbrucker Altstadt hoch ins Gebirge hinaufzufahren, ist ein Muss. Die moderne Hungerburgbahn führt in nur acht Minuten auf die Hungerburg. Von dort aus geht es über den Hermann-Buhl-Platz zur Auffahrt auf die Seegrube, das beliebte Ziel für Genießer, Bergsportler, Mountainbiker und Kletterer. Direkt neben der Station Seegrube beginnt der neue Perspektivenweg, der mit seinen Aussichts- und Sonnenarealen als interessantester Platz von Innsbruck gerühmt wird. Noch weiter hinauf, zum 2256 Meter hoch gelegenen Hafelekar, dem »Top of Innsbruck«, führt die Hafelekarbahn. Von dort aus ist der 360°-Panoramablick auf die Stadt und den Alpenpark Karwendel einfach »bärig«.

WEITERE INFORMATIONEN

www.innsbruck.info

43 Schaurig schön – die »Schwarzen Mander«

28 Wächter und ein leeres Grab

Kaiser Maximilian hatte von einem großen Grabmal geträumt, eines großen Kaisers würdig. In Wiener Neustadt sollte es stehen, bewacht von 40 Bronzefiguren. Dann aber kam alles anders. Das Grabmal wurde nicht rechtzeitig fertig, der Kaiser wurde in Wiener Neustadt begraben, und sein Enkel errichtete das Grabmal in Innsbruck. Kleiner als geplant, bewacht von 28 statt 40 Figuren – dafür aber leer.

Eine der interessantesten und wohl auch skurrilsten Sehenswürdigkeiten Innsbrucks ist das Grabmal Maximilians I. in der Hofkirche mit den »Schwarzen Mandern«. Ein Ort, der zugleich Gänsehaut und Bewunderung auslöst, denn er ist von schauriger Schönheit.

Der »letzte Ritter«

Kaiser Maximilian, der »letzte Ritter«, wurde 1459 in Wiener Neustadt geboren. Er war ein Renaissance-Herrscher par excellence. Hochgebildet, ein Freund des Humanismus und der Wissenschaften, verfasste er selbst poetische Werke wie den Theuerdank. Er hatte keinen festen Regierungssitz, war ständig unterwegs und pflegte trotz heftigen Geldmangels einen prunkvollen Lebensstil.
Maximilian wird oft als feinsinniger Förderer der Künste bezeichnet. Das stimmt, aber nur zum Teil. Worauf es ihm ankam, das waren Stammbäume und Wappenkunde, alles, was geeignet war, Herkunft und Macht des Hauses Habsburg zu dokumentieren und zu festigen. Eines seiner Ziele war, die Erinnerung an seine Person und seine Familie für alle Zukunft wachzuhalten. In diesem Sinne ließ er sich noch zu

Das pompöse Grabmal Kaiser Maximilians: gut behütet – aber leer (unten). 28 bronzene Figuren, die »Schwarzen Mander«, halten Wache (rechts oben).

Lebzeiten Denkmäler setzen – und plante ein adäquates Grabmonument.
Ursprünglich dachte er an ein Grabmal auf dem Falkenstein bei St. Wolfgang. Eine Art Gralsburg, umringt von 40 Statuen seiner Vorfahren, den Büsten römischer Imperatoren, auf die er fiktiv seine Herkunft zurückführte, und den Statuetten von 100 habsburgischen Heiligen. Diese Pläne konnte er nur zum Teil realisieren. Und dann untersagte der Erzbischof von Salzburg die Errichtung des Grabmals. Also verfügte Maximilian, dass er in der Burg von Wiener Neustadt begraben werden sollte, unter dem Hochaltar der St.-Georgs-Kapelle.

Ein inszenierter Tod

Maximilian starb 1519 in der Burg von Wels. Er inszenierte seinen Tod. Nachdem er schon seit vier Jahren – vermutlich litt er schon so lange an einer schweren Darmerkrankung – immer einen Sarg mit sich geführt hatte, gab er sich nun als reuiger Sünder und Büßer. Er empfing die Letzte Ölung, übergab das Reichssiegel und ordnete an, dass sein Leichnam nicht einbalsamiert, sondern stattdessen gegeißelt, die Haare geschoren und die Zähne ausgebrochen werden sollten.

Abgesehen davon, dass das Grabmal zum Zeitpunkt des Todes Maximilians noch nicht fertig war, stellte sich auch bald heraus, dass die Bronzefiguren für die im ersten Stock über einer Einfahrt gelegenen Kapelle zu schwer waren. Maximilians Enkel, Kaiser Ferdinand I., ließ das leere Grabmal daher nach Innsbruck bringen und dafür »zu ewigem Gedächtnis« eine eigene Kirche, die Hofkirche, errichten.
Heute besteht das Grabmonument aus einem leeren marmornen Hochgrab, auf dem Kaiser Maximilian I. in »ewiger Anbetung« kniet. Rundum verläuft ein schmiedeeisernes Gitter, und Marmortafeln nehmen Bezug auf Ereignisse aus seinem Leben. Umgeben wurde das Kenotaph mit 28 der ursprünglich 40 Bronzefiguren, von denen König Artus Albrecht Dürer zugeschrieben wird.
Kaiser Maximilian ist nicht der Einzige, dessen es in der Hofkirche zu gedenken gilt. Im linken Seitenschiff liegt seit 1823 der Freiheitskämpfer Andreas Hofer mit seinen Mitkämpfern, darunter Josef Speckbacher, begraben. Und in der »Silbernen Kapelle« im Stockwerk über der Kirche fanden Erzherzog Ferdinand II. und Philippine Welser ihre letzte Ruhestätte.

ANDREAS HOFER

Andreas Hofer, der Sandwirt aus dem Passeiertal, gilt in Tirol nach wie vor als legendärer Freiheitskämpfer und Vaterlandsheld, entsprechend hoch geehrt wird auch sein Grab in der Hofkirche. Als das Land Tirol 1805 an das mit Napoleon verbündete Bayern abgetreten werden musste, führte das zu Aufständen und Revolten in Innsbruck, an ihrer Spitze stand Andreas Hofer. Dreimal verhalf er seinem Volk zum Sieg, unter anderem bei den berühmten Berg-Isel-Schlachten. Bei seiner letzten Schlacht am Berg Isel erlitt er eine Niederlage und flüchtete zurück auf die Pfandleralm nahe seinem Geburtsort. Sein Versteck wurde jedoch verraten, er wurde gefangen genommen und nach Mantua verschleppt. Dort wurde er am 20. Februar 1810 hingerichtet.

Tiroler Fasnacht

Die drei Tage vor dem Aschermittwoch können in den österreichischen Alpen turbulent werden. Da toben Hexen, Bären, Scheller und Roller in aufwendigen Kostümen und holzgeschnitzten Masken durch die Gassen der Dörfer. Das Spektakel ist laut, farbenprächtig und archaisch. Im Kampf des Frühlings gegen den Winter – und des Guten gegen das Böse.

Fasnachtsbräuche gibt es zwar in ganz Österreich, nirgends werden sie aber mit so viel Aufwand und Fantasie zelebriert wie in Tirol. Und das seit uralten Zeiten. Die Tradition der Figuren und Masken des bunten Treibens reichen in graue Vorzeiten zurück. Sie haben ihre Wurzeln im Sonnenkult und im Fruchtbarkeitszauber, im Vertreiben böser und im Beschwören guter Geister.

Das farbenprächtigste Fasnachtsspektakel wird alle vier Jahre in Imst zelebriert. Beim Schemenlaufen, seit 2012 immaterielles UNESCO-Weltkulturerbe, verwandeln rund 900 Teilnehmer in farbenprächtigen Kostümen und Masken und aufwendig geschmückte Wagen den Ort in ein wogendes Meer aus Farben und Figuren. Zwei Jahre vor dem großen Spektakel hat die Jugend das Sagen, da geht in Imst die Buabefasnacht über die Bühne, mit 400 Burschen zwischen sechs und 16 Jahren.

Nicht weniger beeindruckend ist der Nassereither Schellerlauf, ebenfalls immaterielles Weltkulturerbe. Hier faszinieren vor allem die anmutigen Figuren des »Schönen Zuges«, die Kehrer, Roller, Scheller und Spritzer, die in kostbaren Seidengewändern im Barock- und Rokokostil gekleidet sind. Und beim ebenfalls zum Weltkulturerbe zählenden Telfer Schleicherlaufen ziehen auch Bären, Wilde und Schleicher durch den Ort, Letztere mit riesigen, bis zu acht Kilo schweren, über und über geschmückten Hüten auf dem Kopf.

In den so genannten MARTHA-Dörfern nahe Innsbruck – in Mühlau, Arzl, Rum, Thaur und

Ein Meer aus Farben und Figuren: das Axamer Wampelerreiten (unten)

Absam – geht es beim Muller- und Matschgererwesen heiß her. Da fegen Spiegeltuxer, Melcher und Weißer als Symbole für den Frühling und Sommer sowie Zottler, Zaggler, Klötzler und Hexen als Vertreter des Herbstes und Winters durch den Ort. Ihre Bewegungen sind streng reglementiert, die Schritte und Tänze genau vorgegeben. Wer einen Schlag von einem Muller oder Matschger auf die Schulter bekommt, dem lacht das Glück.
Ein weiterer Höhepunkt der Tiroler Fasnacht ist das alle vier Jahre stattfindende Fisser Blochziehen. Dabei wird auf Schlitten eine rund 30 Meter lange, geschmückte Zirbe unter lautstarkem Treiben von verschiedenen Figuren durch das Dorf gezogen, das Ganze endet mit der Versteigerung des wertvollen Zirbenholzes.
Auch Axams hat ein Spektakel der besonderen Art zu bieten: Beim Wampelerreiten am »Unsinnigen Donnerstag« rangeln die Burschen und Männer des Ortes als Wampeler und Reiter miteinander – stellvertretend für den Kampf des Frühlings gegen den Winter. Und alle vier Jahre stellen die Axamer Fasnachtsfiguren Axamer Bock, Tuxer, Nadln, Buijazzln und Altboarische beim großen Umzug den ganzen Ort auf den Kopf. Laut, wild und ausgelassen. www.tirol.at

Schaurig schön: handgeschnitzte Masken aus Holz (oben). Auftritt der Jugend: die Imster Buabefasnacht (unten).

Der Venezianische Brunnen im Renaissancestil wurde 1914 anstelle des abgebrochenen Ballspielhauses errichtet (oben). In den Rüstkammern sind die Sammlungen von Erzherzog Ferdinand zu sehen, Rüstungen, Waffen und Porträts berühmter Persönlichkeiten (rechts unten).

44 Die Tiroler Bilderbuchburg – Schloss Ambras

Erzherzog Ferdinands Prunkschloss

Schloss Ambras ist einer der großen kunsthistorischen Schätze Österreichs. Aber nicht nur das. Das stolze Schloss erzählt seinen Besuchern auch berührende Geschichten. Von einer romantischen Liebe, von Kunstsinn und Sammelleidenschaft und von der Freude der einstigen Besitzer, die Natur zu gestalten. Mit Wäldern und Fischteichen, Felsen und Grotten und eleganten Lustgärten zu Füßen der Schlossmauern.

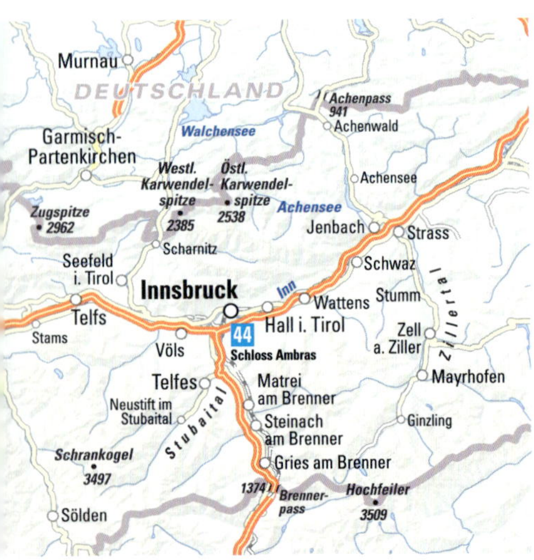

Schloss Ambras erhebt sich als Bilderbuchburg über das Inntal. Und wie ein Märchen klingt auch die Liebesgeschichte, der es seine Entstehung verdankt: Erzherzog Ferdinand II. (1529–1595) hatte sich im Jahr 1548 in die ebenso hübsche wie reiche Patriziertochter Philippine Welser verliebt. Im vollen Bewusstsein, dass er dadurch bei seinem kaiserlichen Bruder in Ungnade fallen würde, heiratete er die schöne Bürgerliche 1557 heimlich in Prag. Der Kaiser reagierte gnädig. Er genehmigte die unstandesgemäße Heirat, bestand jedoch darauf, dass sie geheim gehalten werden sollte. Das junge Paar fügte sich und führte von Anfang an eine glückliche Ehe. Als ihre Kinder Andreas, Karl und die Zwillinge Maria und Philipp zur Welt kamen, wandten sie einen Trick an: Sie legten die Neugeborenen – symbolisch – vor die Tür und nahmen sie als »Findlinge« wieder auf. Jahre später »legalisierte« der Kaiser die beiden Söhne – die Zwillinge waren schon früh gestorben.

Das Prachtschloss

Kompliziert wurde es, als der Erzherzog 1564 nach dem Tod des Kaisers die Herrschaft über Tirol erhielt. Die Innsbrucker Hofburg, der offizielle Sitz des Landesfürsten, war »Ferdinands

Beiwohnerin«, wie Philippine Welser genannt wurde, verwehrt. Ganz der Renaissance-Fürst, der für Kunst und Schönheit keine Kosten scheute und dem es herzlich egal war, ob er sich in riesige Schulden stürzte, fand Ferdinand eine elegante Lösung: Er ließ in Ambras ein prächtiges Schloss errichten.
Schloss Ambras entwickelte sich rasch zu einem Zentrum von Kunst und Kultur. Im Hochschloss, in dem heute die berühmte Porträtgalerie untergebracht ist, lagen die luxuriös – samt Bad – ausgestatteten Privatgemächer der beim Volk beliebten Philippine Welser. Der mit einer kostbaren Holzdecke ausgestattete Spanische Saal wurde zum prachtvollen Rahmen für opulente Feste und Konzerte.

Kunstsammlungen und Lustgärten

Mit dem Unterschloss schuf der kunstsinnige Erzherzog Raum für seine »Kunst- und Wunderkammer«. Hier brachte er seine unzähligen Rüstungen und Waffen, seine Gold- und Silbergegenstände, seine Naturwunder von ausgestopften Fischen bis zu Korallen, seine Musikinstrumente, Uhren, Steine und Glaswaren bis hin zu »Exotica« und antiken Skulpturen unter.

Schon während des Baus seines Schlosses ließ der Erzherzog auch den Schlosspark gestalten. Um das Hochschloss entstanden herrliche Lustgärten. Gäste erwartete dort der Fangstuhl, auf dem sie so lange festgebunden wurden, bis die Herren ein kleines Fässchen und die Damen ein Schiffchen voll Wein leer getrunken hatten.
Nach dem Tod des Erzherzogs erbte Ambras sein Sohn Karl. Dieser verkaufte alles an Kaiser Rudolf II. (1552–1612). In den folgenden Jahren war Ambras nur noch selten bewohnt. Die wertvollen Sammlungen, vor allem Bücher, Manuskripte und frühe Drucke rettete Kaiser Leopold I. (1640–1705), indem er sie nach Wien bringen ließ. Die restliche Sammlung kam erst 1806 nach Wien. Für die Lustgärten hingegen gab es keine Rettung, sie verwilderten.
1919 ging Schloss Ambras in den Besitz der Republik Österreich über. In den 1970er-Jahren wurde mit umfassenden Restaurierungen begonnen. Jetzt präsentieren sich die Kunst- und Wunderkammer, die Rüstkammern, die Habsburger Porträtgalerie und die Gärten im Sinne Ferdinands neu hergestellt.

DIE HABSBURGER PORTRÄTGALERIE

Wie eine Reise durch die europäische Geschichte wirkt die Habsburger Porträtgalerie, die sich über drei Stockwerke des Hochschlosses erstreckt. Sie zeigt Bildnisse berühmter Habsburger, die maßgeblich die Geschicke Europas mitbestimmt haben und die mit anderen Herrscherhäusern verwandt oder verschwägert waren. Zu sehen sind Porträts von Habsburgern wie Kaiser Maximilian I., Kaiser Karl V., König Philipp II. von Spanien und der jungen Maria Theresia, aber auch von Mitgliedern anderer Herrschergeschlechter, etwa Königin Elisabeth I. von England, der Wittelsbacher, Medici oder Valois. Alles hochinteressant!
Die Habsburger Porträtgalerie ist von April bis Oktober täglich von 10 bis 17 Uhr geöffnet. Im Winter ist sie geschlossen.

WEITERE INFORMATIONEN

www.schlossambras-innsbruck.at

Kristalle eignen sich auch besonders gut für ausgefallene Schmuckstücke (oben). Schritt für Schritt wandern Besucher zu immer neuen Farbspielen und Formen (rechts unten).

45 Funkelnde Träume – Kristallwelten Wattens

Wunderkammern und faszinierende Gärten

Kristall in all seinen Spielarten, funkelnde Materie, erstaunliche und faszinierende Wunderkammern und märchenhafte Töne: Die Swarovski Kristallwelten im Tiroler Wattens bezaubern und inspirieren jedes Jahr Hunderttausende Besucher. Der einzigartige Ort der Fantasie und der Schönheit hat innerhalb kürzester Zeit den Aufstieg zu einer der interessantesten Sehenswürdigkeiten Österreichs geschafft.

Ebenso fantastisch wie die Swarovski Kristallwelten selbst ist auch ihre Entstehungsgeschichte: 1995 sollte zum 100-jährigen Firmenjubiläum in Wattens ein Fest für die Mitarbeiter und Eigentümer gefeiert werden – magisch inszeniert von André Heller. Dieser aber schlug eine Installation von bleibendem Wert vor. Ein Denkmal für das nicht Greifbare, das Zauberhafte, das Kristall als facettenreiche Inspirationsmacht für Kunst und Wissenschaft, als glitzernde »Über-Metapher« und ästhetisches Wunderwerk darstellt.
Bald entstand als thematischer Mittelpunkt der mittlerweile weltberühmte wasserspeiende Riese, der auszog, um die Welt mit all ihren Schätzen und Wundern zu erkunden. Mit seinen Erkenntnissen setzte er sich in Wattens in Tirol zur Ruhe und »wacht« seither kugelrund und grün über die fantastisch inszenierten unterirdischen Wunderkammern rund um das Kristall.

Fantastische Glitzerwelt

Die vorerst 2000 Quadratmeter großen Kristallwelten entwickelten sich rasant zu einem Publikumsmagneten. Schon im Dezember 2003 wurde der fünfmillionste Besucher begrüßt. Grund genug, die Kristallwelten noch größer, noch funkelnder und noch aufregender zu gestalten. Unter der künstlerischen Leitung von

André Heller wurden sie 2003 mit großem finanziellem Aufwand auf die doppelte Fläche erweitert. Da Verwandlung von Anfang an Teil des Konzepts war, hat sich mittlerweile auch viel geändert. So wie der Kristall ständig im Wandel begriffen ist, sind es auch die Kristallwelten. Der Riese mit den funkelnden Augen hat ständig neue Schätze zu bewachen.
Gleich geblieben ist der Eingangsbereich. Wie bisher treten die Besucher durch den Kopf des wasserspeienden Riesen ein und durchschreiten die in Halbdunkel getauchte blaue Eingangshalle mit ihren vielfältigen Kunstschätzen und dem größten Schmuckstein der Welt, dem Centenar. In insgesamt 17 Wunderkammern, die von einigen der bedeutendsten Künstler der Gegenwart gestaltet wurden, können sie in der Folge in die Welt der Fantasie, des spiegelnden Lichtes und der funkelnden Kristalle eintauchen.

Hintersinnige Kunstinstallationen

Auf »Silent Light«, die neue poetische Schneeinstallation, die nicht zuletzt die Vergänglichkeit und Verletzlichkeit der Natur symbolisiert, folgen Wunder über Wunder. Zu den interessantesten zählt »Into Lattice Sun« der koreanischen Künstlerin Lee Bul, eine raumgreifende Installation, in der eine Myriade von Kristallen und Spiegeln die Illusion von immer neuen Weiten und Tiefen vermittelt und die Besucher dazu anregt, über sich selbst und ihre Position innerhalb des Raumes zu reflektieren. Glitzernde Teppiche voller Liebesbotschaften führen in »Ready to Love«, eine bezaubernde Utopie mit kristallverzierten Herz-Feen, die glückselig empor- und herabsteigen. Es folgen spektakuläre Spiegelinstallationen, Variationen von Wunderkammern, ein Raum, der einer Performance der Starsopranistin Jessye Norman gewidmet ist, der fantastische, archaische Ur-Wald »Eden«, eine neue Wunderkammer zum Thema Frieden, oder »Timeless«, die Geschichte der Firma Swarovski.
Aber das ist noch lange nicht alles, was es an Wunderbarem zu entdecken gibt. Denn nach den unterirdischen Wunderkammern ist auch noch der Garten des Riesen ein Ort, an dem Kristall zu einem ganzheitlichen Erlebnis wird.

GARTEN

Auch im Garten des Riesen wird Kristall zu einem ganzheitlichen Erlebnis. Auf 7,5 Hektar erstreckt sich eine weitläufige Parklandschaft mit Kunstinstallationen und neuen Bauten. Besucher spazieren zur Kristallwolke, dem Herzstück des Gartens, die als monumentale Installation über dem schwarzen Spiegelwasser schwebt. Mit rund 1400 Quadratmetern ist dieses mystische Meisterwerk das größte seiner Art auf der Welt. Die Kristallwolke besteht aus rund 800 000 handgesetzten Kristallen!

WEITERE INFORMATIONEN

www.kristallwelten.swarovski.com

Wanderer »am Sam« auf der Turracher Höhe mit Blick Richtung Süden zu den Karawanken

46 Traumhafter Fjord der Alpen – der Achensee

Wo man in Tirol blaue Wunder erleben kann

Mit neun Kilometern Länge und einem Kilometer Breite ist der Achensee nicht nur der größte, sondern auch der schönste See Tirols. Der beliebteste ist er überdies, denn der See ergibt mit seiner von Smaragdgrün bis Ultramarinblau reichenden Farbpalette, den reizenden Orten rundum und der beeindruckenden Bergkulisse von Karwendel und Rofan eine Urlaubsregion der Extraklasse: das wunderbare Meer Tirols.

»Fjord der Alpen«, so wird der schöne Achensee oft liebevoll genannt (unten). Die Berge rund um den See sind wie geschaffen für alle Arten von Sport (rechts oben).

Dass sich der Achensee und seine herrliche Umgebung, das Rofangebirge und der Naturpark Karwendel, ideal für den Urlaub eignen, hat noch keine lange Tradition. Die Gegend wurde lange vom Bergbau geprägt, daran erinnert das Silberbergwerk am Stadtrand von Schwaz, dessen 800 Meter langer Stollen heute besichtigt werden kann. Der See und seine dichten Wälder wurden auch lange als Jagd- und Fischrevier genutzt. Aus dem Jagd- und Fischereibuch Kaiser Maximilians geht hervor, dass der See bereits um das Jahr 1500 für seinen Fischreichtum berühmt war. Die Landesherren von Tirol, Kaiser Maximilian I. und Erzherzog Ferdinand II., ließen sich für den See sogar prunkvolle Schiffe bauen.

Konfliktfrei allerdings verlief das Fischen um 1500 nicht. Da der See im Eigentum des Klosters St. Georgenberg stand, erhoben die geistlichen Herren Anspruch auf seine Fische – der Kaiser jedoch ebenfalls. Schließlich einigte man sich darauf, dass abwechselnd gefischt werden durfte: An bestimmten Tagen waren die Klosterfischer dran, an anderen die landesfürstlichen.

Heilmittel für Leib und Seele

Als Ferienregion begann sich der Achensee um die Mitte des 19. Jahrhunderts zu etablieren. Dann ging es aber rasch bergauf. 1887 wurde das erste Fahrgastschiff zu Wasser gelassen, der Dampfer »St. Josef«, und schon bald wurde die Gegend als »unvergleichliches Heilmittel für Leib und Seele« gerühmt – und das ist sie bis heute geblieben. Für sportlich-aktive Urlauber genauso wie für Ruhesuchende und Naturliebhaber.

Zum Baden und Schwimmen eignet sich der See nur für Abgehärtete, denn die Wassertemperatur liegt im Sommer im Durchschnitt bei strammen 18 Grad, nur am flachen Ufer bei Buchau kann sie mal auf 22 Grad hochklettern. Die Windverhältnisse hingegen schaffen optimale Verhältnisse für Segler, Surfer und Kitesurfer. Und weil die Sichtweite in dem klaren Wasser bei über zehn Metern liegt, eignet sich der Achensee auch bestens zum Tauchen. Wanderer finden in der Umgebung ein Netz von 500 Kilometer Wanderwegen, die von einfach bis anspruchsvoll durch dunkle Nadelwälder zu duftenden Blumenwiesen und lichten Almen und schließlich hoch oben zu kargen Hochgebirgsregionen auf 2500 Meter Höhe führen. Drei Etappen des über 400 Kilometer langen Tiroler Adlerwegs, der seinen Namen übrigens davon ableitet, dass sein Verlauf der Silhouette eines Adlers gleicht, verlaufen hier. Andere Wege führen zum Hochiss, zur Rofanspitze, zum Bärenkopf oder zum Stanser Joch im Karwendelgebirge, aber das ist nur eine kleine Auswahl an Touren in der traumhaft schönen Gebirgswelt.

Auf jeden Fall hoch hinaus

Wandern ist zwar eine hervorragende Art, um Körper und Geist wieder in Hochform zu bringen, um die Gegend zu erkunden, gibt es aber auch andere Möglichkeiten. Den See entlang schnauft die gute alte Achenseebahn, immerhin Europas älteste Dampf-Zahnradbahn, und von Pertisau gleiten die Gondeln der Karwendel-Bergbahn bis auf 1500 Meter hoch – genug, um den gesamten Achensee mit seinen Orten Maurach, Pertisau und Achenkirch zu überblicken. Von Maurach aus führt die Rofanseilbahn auf 1840 Meter in die Höhe, wo sich Gämsen und Murmeltiere tummeln. Die Bergstation ist Ausgangspunkt für Wanderungen verschiedener Schwierigkeitsgrade bis hin zu Kletterrouten. Und wer sich gerne in die Lüfte erhebt, hat dazu beim Skyglider »AirRofan« Gelegenheit.

STUBAITAL

Gletscherluft und herrliche Hochgebirgslandschaften lassen sich vom Stubaital aus genießen. Das größte Seitental des Wipptals begeistert im Tal mit grünen Wiesen, weiten Lärchenwäldern und rustikalen Häusern. Von den Orten Telfes, Fulpmes und Neustift öffnet sich der Blick auf die weiß schimmernden Felswände der Kalkkögel. In Neustift beginnt die Stubaier Gletscherstraße nach Ranalt und Mutterberg, von wo aus Gletscherbahnen und Lifte weit hinauf in die glitzernde Welt aus Firn und Eis unterhalb von Schaufelspitze und Stubaier Wildspitze führen.

WEITERE INFORMATIONEN

www.stubai.at

Das Faschinajoch ist nicht nur bei Motorsportfans beliebt, sondern auch bei Wanderern (oben). Die Almhütten in dieser Region sind seit Jahrhunderten unverändert (rechts unten).

47 Geheimtipp in den Alpen – das Faschinajoch

Paradies für Biker und Wanderer

Auf der einen Seite liegt Damüls im Tal der Bregenzer Ach und auf der anderen Fontanella im Tal der Lutz. Dazwischen liegt das Faschinajoch, ein Pass, der seit uralten Zeiten begangen wurde und über den seit wenigen Jahren eine Straße führt. Eine Verbindung zwischen dem Bregenzer Wald und dem Großen Walsertal, acht Kilometer lang, mit Kurven und Kehren – ein Traum für Motorrad- und Rennradfahrer.

Es gibt längere Passstraßen, noch kurvigere und vermutlich auch solche, die in noch größere Höhen hinaufführen. Die knapp acht Kilometer lange Straße über das Faschinajoch ist zwar landschaftlich auch ein Traum, was sie aber besonders auszeichnet, ist der Streckenverlauf, der sie zu einem Paradies für Genuss-Biker und Rennradfahrer macht.

Besiedelt war das Faschinajoch schon im Mittelalter. Urkundliche Erwähnungen geben Aufschluss darüber, dass dort Almwirtschaft betrieben wurde. Ein großes Hotel, das im Sommer und Winter geöffnet war, gab es auf der Passhöhe auch schon lange, bevor in den 1980er-Jahren die Straße gebaut wurde. Und das, obwohl von Damüls nur der schmale Walserweg hinaufführte und obwohl es auch aus dem Großen Walsertal lediglich eine abenteuerliche Straße bis Fontanella gab, eigentlich ein unbefestigter Güterweg. Von dort aus ging es zu Fuß weiter, auf einer Art Trampelpfad durch eine moorähnliche Gegend.

Die Straße als Wende

Der Bau der Straße veränderte die Situation schlagartig. Die Straße wurde rasch zum Hit für Motorrad- und Rennradfahrer. Sie genießen die fahrerisch einfache Streckenführung, passieren

die mächtige Lawinengalerie der Nordrampe, die den Abhang des Hahnenkopfes sichert, erreichen die Passhöhe und machen einen kurzen Halt bei der malerisch oberhalb der Straße gelegenen, um 1700 erbauten Annakapelle. Auf der Südrampe geht es in zehn Kehren bergab, durch die Ortschaften Kirchberg und Fontanella zu dem Ort im Tal, der den schönen Namen Sonntag trägt.
Ab den 1985-Jahren konnte sich das Faschinajoch zu einem regelrechten Juwel in den Alpen entwickeln. Im Winter als relativ überschaubares Skigebiet, das mit Schneesicherheit und erstklassigen Pistenverhältnissen punktet und das sich ideal für Familien eignet. Und im Sommer als herrliches Wanderrevier. Eine Reihe angenehmer Hotels und Apartmenthäuser, viele mit Panoramablick und Wellnessbereich, sorgt für Entspannung und Erholung.

Wandergebiet vom Feinsten

Vom Faschinajoch aus lassen sich wunderbare Wanderungen unternehmen – es stehen unzählige Routen zur Auswahl, auch Fernwanderwege. Einer der beliebtesten Wege führt rund ums Zafernhorn und ein anderer, allerdings schwererer, auf das Glatthorn, den höchsten Gipfel des Bregenzerwaldgebirges. Für diese Tour empfiehlt es sich, mit der Doppelsesselbahn Stafelalpe bis zur Mittelstation zu fahren und von dort loszugehen.
An der Mittelstation kommen auch Freunde der Alpenflora auf ihre Kosten: Dort gibt der Blumen-Wander-Lehrpfad am Hahnenkopf mit Lehrtafeln – die übrigens je nach der Blühzeit der Pflanzen ausgetauscht werden – Auskunft über rund 150 verschiedene Pflanzen und die geologischen Gegebenheiten. In den Sommermonaten werden zweimal wöchentlich fachkundige Führungen angeboten. Wer bis zur Bergstation weiterfährt, findet einen reizvollen Höhenwanderweg am Rande des Biosphärenparks Großes Walsertal. Und wenn einem nach langen Wanderungen nach Abkühlung ist, findet man sie im Seewaldsee. Seine Wasserzufuhr ist relativ gering. Das führt dazu, dass er weniger erfrischend ist, als man in dieser Höhenlage – es sind immerhin 1200 Meter – erwarten könnte.

SILVRETTA-HOCHALPENSTRASSE

Ganz anders als die Straße über das Faschinajoch präsentiert sich die stark frequentierte Silvretta-Hochalpenstraße. Die 22,3 Kilometer lange Mautstraße verbindet das Montafon mit dem Tiroler Paznauntal, sie führt von Partenen in 34 Kehren über die 2032 Meter hohe Bielerhöhe nach Galtür. Wegen der spektakulären Bergkulisse und der direkt an der Straße gelegenen Seen Vermunt und Silvretta gilt sie als eine der schönsten und beliebtesten Gebirgsstraßen der Alpen, wird sogar als »Traumstraße der Alpen für Genießer« gerühmt.

WEITERE INFORMATIONEN

www.silvretta-bielerhoehe.at

Hoch romantisch: das Untere Tor in die Oberstadt von Bregenz (oben). Die Bar am Fischersteg ist ein beliebter Treffpunkt – besonders an warmen Sommertagen (rechts).

48 Berühmter Festspielort – Bregenz

Die Stadt zwischen Berg und See

Wie viele Städte, die an einem See liegen, besitzt auch Bregenz seit jeher eine besondere Atmosphäre. Die Landeshauptstadt des »Ländle« liegt auf einem Plateau zu Füßen des 1064 Meter hohen Pfänders, das terrassenförmig zum Ufer des Bodensees abfällt. Schon allein das ist reizvoll. Wirklich berühmt geworden ist sie aber für ihre fulminanten Festspiele. Alles gute Gründe, die hübsche Stadt zu besuchen.

Die Stadt, die sich in die Ostbucht des Bodensees schmiegt, war ursprünglich ein keltischer Ort. Um 15 v. Chr. fiel er an die Römer, und damit begann der Aufstieg zu einem wichtigen Handelszentrum und Verkehrsknotenpunkt samt Hafen. Das versuchten die neuen Besitzer auch zu schützen. Die Römer umgaben ihr »Brigantium« mit starken Mauern, die 300 Jahre lang standhielten. Dann aber kamen die Alemannen, ließen sich im Gebiet zwischen Rhein, Bodensee und Lech nieder – und blieben. Bis heute, das kann man sogar hören. In Vorarlberg werden alemannische Dialekte gesprochen, mit vielen »sch« und »ä«. Und so gut wie jeder Satz endet mit »oder« – woher das kommt, ist allerdings eine bisher ungeklärte Frage.

Historische Altstadt

Das im Dreiländereck Deutschland–Schweiz–Österreich gelegene wirtschaftliche und kulturelle Zentrum Bregenz hat eine Ober- und eine Unterstadt. Ein Spaziergang zu Ersterer führt auf dem kopfsteingepflasterten Stadtsteig zu dem wappengeschmückten und mit einem mumifizierten Haifisch als Glücksbringer versehenen Unteren Tor. In der Bregenzer Altstadt scharen sich schöne alte Bürgerhäuser um den wuchtigen Martinsturm. Der Turm mit seiner auffallenden, schindelgedeckten Zwiebelhaube

In der Bregenzer Oberstadt reiht sich ein Altstadt-Juwel an das andere (unten). Die schwimmende Seebühne, übrigens die größte der Welt, ist die Sensation der Stadt (ganz unten). Lichtinstallation von Gerry Ammann am Bodensee in Bregenz (rechts oben).

war früher einmal ein Getreidespeicher. Sein Innenleben ist auch heute noch interessant: In seinem Untergeschoss befindet sich die im Kern romanische Martinskapelle, im Obergeschoss gibt ein Museum Einblicke in die Stadtgeschichte, und in der ehemaligen Türmerwohnung werden Sonderausstellungen gezeigt. Ganz oben wartet noch ein besonderes Erlebnis: Von der Aussichtsplattform bietet sich ein herrlicher Blick über die Stadt und den See. Neben dem Martinsturm gibt es in der hübschen historischen Altstadt, deren verwinkelte Gässchen eine angenehme, heimelige Atmosphäre verströmen, noch einiges zu sehen: den Fachwerkbau des Rathauses, Teile der alten Stadtmauern und das romantische barocke Deuringschlössle am Ehre-Guta-Platz mit dem Montfortbrunnen. Der Platz wurde nach der Bettlerin Guta benannt. Sie soll 1407 zur Zeit der Appenzeller Kriege, als Bregenz von Schweizern belagert wurde, ein Gespräch belauscht haben, in dem die Belagerer den Angriff auf Bregenz planten. Rechtzeitig konnte sie die Verteidiger warnen, und so wurde die Stadt gerettet. Das haben ihr die Bregenzer nie vergessen. Aus Dankbarkeit rief der Stadtwärter jahrelang vom Martinsturm jeden Abend um 19 Uhr »Ehret die Guta« in die Stadt hinaus.

Angenehm ist die Atmosphäre auch in der Unterstadt. Dort ragen zwar vereinzelt weiße Hochhäuser und moderne Bauten hoch, die Fußgängerzone säumen aber Boutiquen, Cafés und nette Lokale. Buntes Treiben herrscht Dienstag und Freitag am Kornmarktplatz, dem früheren Getreidemarkt, beim Wochenmarkt für frisches Obst und Gemüse. Westlich des Hafens, von dem aus im Sommer die schneidige »Weiße Flotte« zu ihren Rundfahrten in See sticht, lädt die von hohen, Schatten spendenden Bäumen gesäumte Uferpromenade mit ihren Cafés zum gemütlichen Flanieren ein. Für den Abend, wenn die Sonne rot am Horizont verschwindet, bieten sich die »Sunset-Stufen« oder die Bar am Fischersteg an, um die wunderbare Atmosphäre des Sees und der umliegenden Berge besonders gut zu genießen.

Die Festspiele und andere Kulturschätze

Das absolute Highlight von Bregenz ist das Festspiel- und Kongresshaus mit seiner vorgebauten schwimmenden Seebühne, übrigens der größten der Welt. Sie wird jedes Jahr zum Schauplatz für das viel beachtete »Spiel auf dem See« der Bregenzer Festspiele, das mit imposanten Bühnenbildern, hervorragender Akustik und fantastischer Atmosphäre das Publikum bezaubert. Für die 1946 übrigens auf zwei Kieskähnen im Bregenzer Gondelhafen

begründeten Festspiele versammeln sich Jahr für Jahr die besten Sänger, berühmtesten Dirigenten und renommiertesten Orchester am Bodensee. Was das Publikum besonders fasziniert, sind die höchst ausgefallenen Bühnenbilder, die sich wie schwimmend über die Oberfläche des Sees erheben und die von Wellen umspielt werden. *Die Zauberflöte, Turandot, Carmen* und *Rigoletto* waren die großen, viel beachteten Produktionen der jüngeren Vergangenheit.

Auch die zeitgenössische bildende Kunst hat in Bregenz einen spektakulären Rahmen. Im Jahr 1997 wurde in der Unterstadt das von dem Schweizer Architekten Peter Zumthor gestaltete Kunsthaus Bregenz eröffnet. Es ist ein »gläserner Kubus«, ein mit geätzten Glasplatten verhüllter Würfel, in dem sich der See und der Himmel spiegeln. Er reflektiert das Licht wie ein Leuchtkörper immer anders und lässt es auch in die Innenräume einfließen, in denen wechselnde Ausstellungen zu Architektur und Design gezeigt werden – Themen, die gerade in Vorarlberg einen hohen Stellenwert besitzen.

Ein architektonisches Meisterwerk stellt auch das neue vorarlberg museum, der Abschluss der Kulturmeile mit Kunsthaus und Landestheater an der Nordseite des Kornmarktes, dar. Der 2013 eröffnete Neubau vollführt einen Spagat zwischen Vergangenheit und Gegenwart. Für den spektakulären Neubau wurden in den öffentlich zugänglichen Bereichen Materialien wie Eiche, Lehm und Messing verwendet. Das Atrium zieht sich teilweise bis zum Dachgeschoss durch, es besitzt die größte Lehmputzwand Europas mit einer Höhe von 23 Metern. Gezeigt werden 160 000 Objekte zum Thema »Vorarlberg als gewordene und werdende Kulturlandschaft«, Ausgrabungsfunde aus Frühgeschichte und Römerzeit ebenso wie kunsthistorische Kostbarkeiten.

Wer nach den Stadtspaziergängen Stadt und See aus der Vogelperspektive sehen möchte, kann dies am Pfänder tun. Der 1064 Meter hohe Hausberg bietet einen überwältigenden Rundblick über den ganzen Bodensee bis hin zu insgesamt 240 Berggipfeln Österreichs, Deutschlands und der Schweiz. Zu bezwingen ist der Pfänder leicht, nämlich per Kabinenseilschwebebahn. Bei der Bergstation gibt es eine Adlerwarte mit Greifvogel-Flugschau und einen Alpenwildpark, von dort ist es dann nur noch ein Fußweg von fünf Minuten zum Gipfel und zum grandiosen Rundblick.

DER BODENSEE

Der auf 400 Meter Meereshöhe gelegene Bodensee ist mit einer Uferlänge von 270 Kilometern der drittgrößte See Mitteleuropas. Er verbindet drei Länder miteinander, sein größter Teil entfällt auf Deutschland, ein Viertel auf die Schweiz und rund zehn Prozent auf Österreich. Was ihn rundum auszeichnet, ist, dass er ein ideales Naherholungs- und Urlaubsgebiet ist. Wasserratten, Sportbegeisterte, Sonnenanbeter und Flanierer, sie alle fühlen sich an seinen Gestaden wohl. Von Ostern bis zum 19. Oktober stechen vom Hafen Bregenz aus Kursschiffe über Lindau, Friedrichshafen, Meersburg und Insel Mainau in See. Rundfahrten werden in der Bregenzer Bucht und als Dreiländer-Panoramafahrt angeboten.

49 Wie für den Urlaub geschaffen – das Montafon

Bizarre Berge und grüne Almen in stiller Eintracht

Alpine Gebirgsschönheit auf höchster Ebene, das ist das Montafon. Das von einer Reihe von weiß in der Sonne glitzernden Dreitausendern bekrönte südlichste Alpental Vorarlbergs lädt förmlich dazu ein, die Berge intensiv zu erleben, im Winter gleichermaßen wie im Sommer. Gipfelstürmer jeglicher Disziplin sind willkommen, in dem beliebten Urlaubsziel stehen rund ums Jahr 20 000 Gästebetten bereit.

Das Montafon erstreckt sich als 40 Kilometer langes, von der Ill durchflossenes Hochgebirgstal zwischen den mächtigen Bergmassiven des Rätikon im Westen und der Verwallgruppe im Osten. Es ist eine von Gletschern geformte Senke, in der in elf Orten – die wichtigsten sind Schruns-Tschagguns – reges Dorfleben pulsiert. Wie hoch Tradition noch geachtet wird, beweisen die Frauen, die dort nach wie vor sonntags in Festtagstracht zur Kirche gehen. Im Montafon hat auch die Alpwirtschaft eine lange Tradition. Seit Hunderten von Jahren ziehen Bauern und Senner mit ihren Herden auf die Alpen, wie die Alemannen die Almen nennen. Die frische Milch wird gleich an Ort und Stelle verarbeitet. Eine Besonderheit ist der geschmacklich unvergleichliche Montafoner Sura Kees, der in 14 Alpen mit Bewirtung auch gleich verkostet werden kann. Diese regionale Spezialität hat das Montafon durch die Jahrhunderte geprägt, sie steht für die älteste Käsetradition der Alpen. Eine andere Besonderheit ist das Montafoner Steinschaf, ein relativ kleines, zierliches Tier mit hübscher gerader Nase und fast kindlichem Gesichtsausdruck, das hier neben dem Braunvieh grast.

Wie zum Wandern geschaffen: die Zamangspitze im Montafon (unten). Saftige Almen bei Tschagguns (rechts oben).

Das Urlaubsparadies schlechthin

Der Duft nach Alpenkräutern, Moos und feuchten Holzplanken, das Knirschen der Steine unter den Schuhen, das Gefühl von Sonne und Wind auf der Haut, der Geschmack des eiskalten Quellwassers und der Blick zu grünen Matten und den atemberaubenden Gipfelketten von Rätikon, Silvretta und Verwall: Im Montafon bedeutet das Wandern ein besonderes Vergnügen für alle Sinne. In dem Land der bizarr aufsteigenden Berge und der grünen Almen lässt sich die Natur riechen, hören, fühlen, schmecken und sehen.

Auf 1130 Kilometern markierten Wanderwegen können Urlauber drei Höhenlagen erkunden: Tal, Maisäß und alpin. Egal, ob sie zu gemütlichen Wanderungen, zum Bergsteigen oder zu Klettertouren aufbrechen, ob sie zum Mountainbiken oder Skifahren kommen, sie können mit unvergesslichen Erlebnissen rechnen. Am Sonnenbalkon des Montafon, in Bartholomäberg mit seiner hübschen Barockkirche ebenso wie in dem vom Gipfel der Madrisa überragten Kraftplatz Gargellen, dem höchst gelegenen Berg- und zertifizierten Wanderdorf, oder an den beiden Eckpunkten der Silvretta-Hochalpenstraße Gaschurn und Partenen.

Hemingway in den Bergen

Unvergessliche Erlebnisse wurden im Montafon auch Ernest Hemingway (1899–1961) zuteil. Er hatte 1924 von einem Ort namens Schruns gehört und von dem Gasthaus Taube, in dem das Leben einfach und das Essen gut sein sollte. Also reiste er mit Ehefrau Hadley und Sohn »Goddy« an und stieg auf die Berge. Auf dem Maldenerhaus schlief Hemingway in einer Koje, die »aussah wie ein Futtertrog«. Nachts heulte der Wind um das Haus und wehte Schneewolken von den Gipfeln, die im Mondlicht glitzerten. Als er ein anderes Mal nach dem Skifahren am Vermunt-Gletscher müde und vom Wind völlig durchgeblasen zur Hütte zurückkam, fand er zwei Telegramme vor: Der Verleger Horace Liveright hatte zugestimmt, sein Buch *In unserer Zeit* herauszubringen. Das war sein Durchbruch als Schriftsteller. *Fiesta* und *Die Sturmfluten des Frühlings* folgten und machten Hemingway weltberühmt. Der Aufenthalt im Montafon hat Hemingway übrigens so tief berührt, dass er später den Sterbenden in seinem berühmten Roman *Schnee auf dem Kilimandscharo* vom blendend weißen Montafoner Schnee, von Holzfällerhütten und der Behaglichkeit von Kachelöfen fantasieren ließ.

STADT DER SCHOKOLADE

Einen interessanten Ausflug garantiert die nur 15 Kilometer von Schruns entfernte Alpenstadt Bludenz. Der 14 000 Einwohner zählende Ort ist Mitglied der kleinen historischen Städte, die sich zum Ziel gesetzt haben, historische Kleinode aus längst vergangenen Zeiten zu bewahren. Bludenz ist überdies ein Pilgerort für Naschkatzen, denn dort wird seit über 100 Jahren die Milka Alpenmilch-Schokolade produziert. Wie Schokolade hergestellt wird und welche Geschichte die lila Kuh hat, darüber informiert das Milka-Lädele.

WEITERE INFORMATIONEN

Milka-Lädele
Fohrenburgerstraße 1
6700 Bludenz
www.milka.at

Würziger, in vielen Betrieben traditionell hergestellter Käse ist im Bregenzerwald Kulturgut (oben). Auf schöne, gepflegte Häuser achten die Vorarlberger mit großer Sorgfalt (rechts unten).

50 Alles Käse – Bregenzerwald

Wo die würzigen Laibe reifen

Der Bregenzerwald ist eine landschaftliche Kostbarkeit, die bisher vom Massentourismus verschont geblieben ist. Die zauberhafte grüne Berglandschaft und die 22 Orte konnten ihre natürliche Schönheit bis heute unversehrt bewahren. Was der Gegend überdies herzhaften, würzigen Geschmack verleiht, sind die vielen herrlichen Käsesorten, die an der KäseStrasse Bregenzerwald produziert werden.

Der Bregenzerwald beginnt sanft am Bodensee und steigt nach Osten hin beständig Richtung Arlberg an. Dieser Nordteil der Vorarlberger Alpen war in früheren Zeiten von dichten Wäldern bedeckt. Heute ist der Name irreführend, denn ein Großteil der Wälder wurde in den letzten Jahrhunderten gerodet, um Weideland zu gewinnen. Weiter südlich zeigt sich der Bregenzerwald strenger. Hier bricht er in steilen Hängen zur Ache ab, die sich auf ihrem 76 Kilometer langen Lauf vom Ursprung am Hochtannberg bis zur Mündung in den Bodensee tief in die Felsen eingeschnitten hat und zeitweise wild schäumend durch enge Schluchten fließt.

Im nördlichen Teil, zwischen dem Pfänderstock bei Bregenz und dem Hochälple bei Bezau, gibt sich der Bregenzerwald freundlich hügelig. Die Landschaft schwingt sich nach und nach hoch und bildet die weiten »Sonnenterrassen«, auf denen vor der Kulisse hoher Berge grüne Wiesen und reizende Ortschaften wie Alberschwende, Lingenau oder Hittisau liegen. Hier präsentiert sich Vorarlberg mit schmucken, blumengeschmückten Holzhäusern, kleinen, weißen Kirchen, Brauchtum und Tracht. Dazwischen aber finden sich auch wie fast überall im »Ländle« Beispiele moderner Architektur. Ein besonders interessantes ist der Holz-Glas-Beton-Bau in Hittisau, der im

Untergeschoss die Feuerwehr beherbergt und im Obergeschoss das in seiner Art weltweit einzige Frauenmuseum.

Kulturgut Käse

Im Bregenzerwald ist Käse seit Jahrhunderten ein liebevoll gepflegtes Kulturgut. Mit dem Ziel, die Käsekultur, die Produktvielfalt und die traditionelle Lebensweise zu erhalten, wurde 1998 der Verein KäseStrasse Bregenzerwald gegründet. Es ist keine Straße im herkömmlichen Sinn, sondern ein Zusammenschluss von Experten. Sie organisieren das ganze Jahr hindurch Veranstaltungen, laden zu Verkostungen ein und weihen in die Geheimnisse der Käseproduktion ein. Außer 50 Sennereien, Sennalpen und privaten Käsemachern gehören Bauernhöfe, Käsewirte, Fleischer, Bäcker und Spezialitätengeschäfte sowie vier traditionelle Handwerksfirmen dazu, alles in allem bereits an die 200 Betriebe.

Es braucht viele Arbeitsgänge und ebenso viel Wissen, bis aus der frisch gemolkenen Milch der würzige Käse wird. Aus der Frischmilch der Kühe – es sind pro Jahr 50 Millionen Liter silofreie Heumilch – werden nach jahrhundertealter Tradition rund 5000 Tonnen würziger Bergkäse hergestellt, das Aushängeschild der Region, und dazu regionale Käsespezialitäten sowie Butter und Rahm. In letzter Zeit wurde das umfassende Käsesortiment auch durch Schafs- und Ziegenkäse ergänzt, sodass sich das Angebot auf 50 bis 60 Sorten erhöhte.

Hofläden als Feinkostgeschäfte

Manche der Landwirte lassen sich beim Käsen gern über die Schulter schauen, das ist im Bregenzerwald nichts Außergewöhnliches. Schließlich sind die Bauern auch stolz auf ihre Produkte. Und das macht ihre Hofläden zu regelrechten Feinkostgeschäften. Hochinteressant sind auch die größeren Stationen an der KäseStrasse, der moderne Käsekeller in Lingenau zum Beispiel, in dem viele Tausend Laibe Bergkäse reifen, das Käsehaus in Andelsbuch, das sieben Tage die Woche die ganze Bandbreite an Käsen und Köstlichkeiten zum Verkauf anbietet, oder die Sennschule in Egg, wo man in einem Sennkurs seinen eigenen Frischkäse herstellen kann.

ARLBERGPASS

Der knapp 1793 Meter hohe Arlbergpass liegt zwischen Tirol und Vorarlberg. Wo einst ein Saumpfad verlief, wurde Ende des 18. Jahrhunderts eine Straße gebaut. Seit 1978 verbindet die beiden Bundesländer auch der Arlbergtunnel, mit 13972 Metern der längste Straßentunnel Österreichs. Der Arlberg gilt als die Wiege des alpinen Skisports, er wurde zum Synonym für Wintertourismus und gilt als das größte Skigebiet des Landes. Die Orte St. Christophen, St. Anton, Lech, Zürs und Stuben stehen für gehobene Hotellerie und Gastronomie, sie sind ein Treffpunkt internationaler Prominenz.

Vom Ufer der Salzach aus zeigt sich die ganze Schönheit der Stadt Salzburg mit Dom und Festung Hohensalzburg.

Register

Achensee 172 f.
Achenseebahn 173
AKW Zwentendorf 54
Arlbergpass 183
Albertina 28, 30, 44, 45
Altemps Brunnen 70 f.
Annasäule 160
Ars Electronica Center 94
art-lodge 138
Ausseerland 75, 76 f.
Außergschlöß 152

Bad Ischl 72, 74 f.
Baden 46 f.
Bahnwanderweg Semmering 101
Barockarchitektur 60
Basilika 88, 102 f.
Belvedere 35
Benediktinerstift Admont 107
Bergsteigerfriedhof 107
Bewegungsarena Krumpendorf 133
Bibliothek 34, 60, 86, 88 f., 107
Biedermeier 46 f.
Bodensee 176, 178 f., 182
Bregenz 176, 178 f.
Bregenzer Festspiele 178
Bregenzerwald 175, 182 f.
Bruck an der Mur 104 f.
Bummerlhaus 91
Burgen
  Burg Hochosterwitz 134 f.
  Burg Hohenwerfen 82
  Burg Liechtenstein 47
  Burgmuseum Riegersburg 118

Donau 28, 41, 43, 52, 56 f., 60
Donauinsel 43, 57
Donauinselfest 31
Donaukanal 36, 39, 42 f., 57
Donau-Monarchie 28
Donauradweg 56
Donauschiffe 56, 58
Donautal 58 f.
Donauufer 59, 89, 94 f.
Dreifaltigkeitssäule 30, 46, 92
Dreiländereck 176

Eisriesenwelt Werfen 82
Enns 90, 106
Erlaufsee 103
Erzherzog Ferdinand 163, 166, 172
Europapark 131

Faschinajoch 174 f.
Fasnacht 164 f.
Felsensteig 110, 112
Festival La Gacilly-Baden Photo 47
Festung Hohensalzburg 66, 68 f.
Foto-Festival 47

Garten des Riesen 169
Gartenschloss Herberstein 113
Gletscher 77, 81, 151, 153, 173
Gletscherweg 109, 153
Gmünd 137
Goldenes Dachl 160
Grabmal Maximilian I. 162
Graffiti 42, 92
Graz 110, 112 f.
Großglockner 144 f., 148, 150 f.
Großglockner Hochalpenstraße 148, 150
Grüner See 104

Habsburger 32, 34, 156, 167
Habsburger Porträtgalerie 167
Hadid, Zaha 158, 161
Hafelekar 161
Hallstatt 80 f.
Heiligenblut 144 f.
Heißluftballon 117
Heldenplatz 38 f.
Hexenmuseum 119
Hochschwabmassiv 104
Hofburg 28, 32, 34, 45, 161, 166
Hofer, Andreas 163
Hofzuckerbäckerei Demel 40 f.
Hohen Tauern 144 f., 148, 151, 152 f.
Hundertwasser 30, 117
Hungerburg 161

Innergschlöß 152 f.
Innsbruck 158, 160 f., 162 f.

Josefsplatz 34

Kaiser Maximilian I 128, 162 f., 167, 172
Kaiser-Franz-Josefs-Höhe 150 f.
Kaiservilla 74
Kammersee 77
Kapuzinergruft 34
Karikaturmuseum 55
Karlbad 136
Kärnten 133, 134, 139, 142, 144, 148
Karwendel-Nordkette 158
Käse 89, 143, 180, 182 f.
KäseStrasse Bregenzerwald 182 f.

(v. l. n. r.) Blick vom Schafberg auf das Schutzhaus Himmelspforte und den Mondsee; die Schafbergbahn; Gämse im Gesäuse; Masken der Imster Fasnacht; Wörthersee mit Pörtschacher Halbinsel; Biosphärenpark Nockberge.

Auch Schafe fühlen sich am Tauern Höhenweg in den Hohen Tauern wohl.

Klagenfurt 128, 131, 132 f.
Klassizismus 46 f.
Kölnbreinsperre 145
Krems 55
Kristallwelten Wattens 168
Kunstmeile Krems 55
Kunstmuseum Lentos 92, 94
KZ-Gedenkstätte Mauthausen 83

Leopold Museum 44
Lesachtal 142 f.
Linz 86, 89, 92, 94 f.
Linzer Stahlwelten 94

Magna Mater Austriae 102 f.
Maria Schnee 143
Maria Wörth 133
Mariazell 102 f.
Mechanisches Theater 70
Michaelskapelle 80 f.
Milka-Lädele 181
Mirabellgarten 66, 69
Montafon 175, 180 f.
Mozart 46, 66, 68 f.
MS Rudolf 76 f.
Murmeltier 107, 109, 137, 150, 153, 173
MuseumsQuartier 43 , 44

Nationalbibliothek 34
Nationalparks
  Nationalpark Gesäuse 106, 108 f.
  Nationalpark Hohe Tauern 144 f., 151, 152 f.
  Nationalpark Nockberge 136 f.
Neusiedlersee 50 f.
Nordkette 158, 160

Ossiacher See 138

Pasterze 109, 151
Porsche-Museum 137
Pöstlingberg 89, 95
Prunkbauten 28
Pyramidenkogel 128, 131

Riegersburg 118 f.
Ringstraße 36, 38 f.
Rust 50 f.

Sacher-Torte 41
Salzburg 66, 68 f., 71, 72
Salzburger Festspiele 68 f., 75
Salzkammergut 72, 74 f.
Schafbergbahn 72, 75
Schilcher 123
Schlösser
  Schloss Ambras 166 f.
  Schloss Esterházy 51
  Schloss Hellbrunn 70
  Schloss Hof 35
  Schloss Porcia 135
  Schloss Schönbrunn 28, 34
Schlossberg 94, 110, 112
Schwarze Mander 162
Seegrube 161
Semmering 100 f.
Semmeringbahn 100
Silvretta-Hochalpenstraße 175, 181
Sisi Museum 32
Skulpturenstraße Krastal 138
Spanische Hofreitschule 35
Sporgasse 110, 112
Stadtplatz 90 f., 92
Steirisches Thermenland 116 f.
Steirische Toskana 120
Stephansdom 28, 31, 38
Steyr 90 f.
Steyrtal Museumsbahn 91
Stifte
  Stift Göttweig 61
  Stift Heiligenkreuz 53
  Stift Klosterneuburg 52 f.
  Stift Kremsmünster 86
  Stift Melk 60 f.
  Stift St. Florian 86, 88
  Stiftskirche Schlierbach 86
Stubaital 173
Südsteiermark 120, 123
Swarovski 168 f.

Tennengebirge 82
Tirol 145, 158, 161, 163, 164 f., 166, 168, 172 f., 175
Toplitzsee 77
Traunsee 72, 75

Uhrturm 112

Voestalpine Stahlwelt 95

Wachau 56, 58 f., 61, 109
Wachauer Marille 59
Waldbachstrub 81
Wallfahrt 88 f.,102 f.
Wein 46, 50 f., 53, 58 f., 116, 120, 123
Weißensee 139
Weltkulturerbe 30, 35, 56, 58, 60 f., 100 f., 110, 151, 164
Wien 28, 30 f., 32, 34 f., 36, 38 f., 40 f., 42 f., 44 f., 46 f., 56 f.
Wiener Neustadt 162 f.
Wolfgangsee 72, 75
Wörthersee 128, 131, 132 f.

Zisterzienserstift Wilhering 89
Zoo Salzburg 71

Die Autorin

Hanne Egghardt (Text) war für verschiedene österreichische Medien tätig, u.a. als Chefredakteurin der Zeitschrift »Wienerin«. Sie arbeitet als freie Buchautorin mit Schwerpunkt auf historischen Themen und Österreich.

Oliver Bolch (Foto) ist seit 1993 als freier Reisefotograf tätig. Er hat über 25 Bildbände veröffentlicht. Wenn er nicht weltweit unterwegs ist, fotografiert er sein Heimatland Österreich. www.oliver-bolch.at.

Impressum

Verantwortlich: Susanne Kaufmann, Maren Langendorff
Layout und Producing: Roman Bold & Black
Lektorat: Linde Wiesner
Korrektorat: Christiane Gsänger
Umschlaggestaltung: Nina Andritzky
Repro: LUDWIG:media
Kartografie: Huber Kartographie, Heike Block
Herstellung: Alexander Knoll
Printed in Slovakia by Neografia Martin

★★★★★

Sind Sie mit diesem Titel zufrieden? Dann würden wir uns über Ihre Weiterempfehlung freuen.
Erzählen Sie es im Freundeskreis, berichten Sie Ihrem Buchhändler oder bewerten Sie bei Onlinekauf. Und wenn Sie Kritik, Korrekturen oder Aktualisierungen haben, freuen wir uns über Ihre Nachricht an: Bruckmann Verlag, Postfach 40 02 09, D-80702 München oder per E-Mail an lektorat@verlagshaus.de

Unser komplettes Programm finden Sie unter www.bruckmann.de

In diesem Buch wird aus Gründen der besseren Lesbarkeit das generische Maskulinum verwendet. Weibliche und anderweitige Geschlechteridentitäten werden dabei ausdrücklich mitgemeint, soweit es für die Aussage erforderlich ist.

Bildnachweis:
Alle Bilder des Innenteils und des Umschlags stammen von Oliver Bolch, außer:
Gerdl, Franz: 109 r., 124, 125 o., 128-131, 133, 139, 140, 141 u., 143 l., 146/147, 170/171, 186/187 o., 187 M., 187 r., 190/191; **Kerschbaumer, Toni:** 186 r.; **Leitner, Stefan:** 12/13, 16/17, 22, 96/97, 106, 108, 109 l., 141 o.; **lookphotos:** 41 r. (Pompe, Ingolf); 81 r., 126, 134, 138, 144, 152, 158, 160 o., 161, 175 l., 182 (Strauß, Andreas); 89 r., 95, 125 u. (Mirau, Rainer); 102, 117 l. (Stankiewicz, Thomas); 104, 159, 163 r. (Bischof, Manuel); 117 r. (Lamm, Tom); 132 (Ralf Greiner Fotografie); 142, 148, 150 (ClickAlps); 149 (Pompe, Ingolf); 151 r. (Greune, Jan); 153 r. (Wothe, Konrad); 156 (Haug, Arnt); 160 u. (robertharding); 176, 178 o. (Thoermer, Val); 177, 179 r. (Daniel Schoenen Fotografie); 183 l. (Johaentges, Karl); 183 r. (Brunner, Thilo); **Marek, Herfried:** 107 l., **mauritius images:** 35 r. (Miniloc); 61 r., 102 l. (Volker Preusser); 102 l. (Alamy); 105 r., 107 r., 135 r. (imageBROKER / Martin Siepmann); 153 l. (Sebastian Frölich); **Schloss Hof/Lammerhuber, Lois:** 24/25; **Schloss Hof/Wurnig, Severin:** 190/191; **shutterstock:** 43 r. (Bravavod161); 71 r. (ALEKSANDR SINKO); 82 (Florian Augustin); 91 r. (Simlinger); 105 l. (Muellek Josef); 111 (Maykova Galina); 116 (Przemek Iciak); 123 r. (Andrej Todoric); 135 (Zoltan Tarlacz); 137 r. (josefkubes); 143 r. (Ivan Andreutti); 145 l. (kavram); 145 r. (Katja Carr-Krainz); 151 l. (Cezary Stanislawski); 162 (Andrey Shcherbukhin); 163 l. (Ugis Riba); 169 l. (trabantos); 174 (Jiri Prek); 175 r. (PARADOX_M); 180 (Greenhorn_Gallery); 181 r. (Anna Salynskaya); **Westermann, Kurt-Michael:** 23, 40, 41 l., 53 r., 56, 57 u., 63 u., 77, 97 u., 101 l., 101 r., 120-123 l., 154/155, 166-168, 169 r., 178 u., 179 l., 181 l.

Seite 2/3: Die Wiener Karlskirche in der Abenddämmerung;
Seite 5: Die Pallas-Athene Statue vor dem Parlament in Wien;
Seite 6/7: Die Burg Liechtenstein bei Sonnenaufgang / Luftbild mit Drohne; **Seite 190/191:** Das »größte Barockbeet Österreichs« vor dem prachtvoll wiedererstandenen Schloss Hof

Umschlagvorderseite:
Oben: Der Ehrenhofbrunnen und Schloss Schönbrunn im Abendlicht (shutterstock/vichie81); Unten: Hallstatt – Bergdorf-Idylle in den österreichischen Alpen (shutterstock/emperorcosar)
Umschlagrückseite:
Oben: Herrliche Aussicht auf's Krautgartel im Nationalpark Gesäuse; Unten v.l.n.r.: Der spanische Saal in Schloss Ambras; der Wörthersee mit seinem herrlich türkisfarbenen Wasser (Franz Gerdl); von Hand geschnitzte Masken aus Holz bei der Buabefasnacht Imst

Die Deutsche Nationalbibliothek verzeichnet diese Publikation in der Deutschen Nationalbibliografie; detaillierte bibliografische Daten sind im Internet über http://dnb.d-nb.de abrufbar.

Bruckmann Verlag GmbH, Infanteriestraße 11a, 80797 München
ISBN 978-3-7343-2256-3

EBENFALLS ERSCHIENEN

ISBN 978-3-7343-1608-1

ISBN 978-3-7654-4869-0

ISBN 978-3-7343-0871-0

ISBN 978-3-7343-0332-6

ISBN 978-3-7343-1869-6

ISBN 978-3-7343-1868-9

ISBN 978-3-7343-1028-7

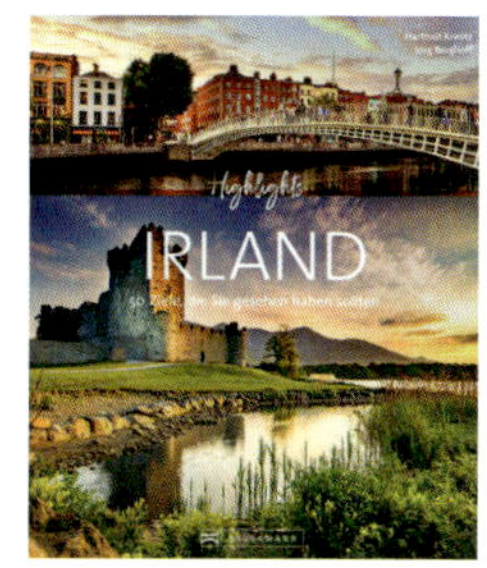

ISBN 978-3-7343-1867-2

100 Highlights Afrikas Süden
978-3-7343-1033-1

100 Highlights Alpen
978-3-7343-1031-7

100 Highlights Australien
978-3-7343-2391-1

100 Highlights Deutschland
978-3-73433-0147-6

100 Highlights Englands Süden
978-3-7343-0650-1

100 Highlights Europa
978-3-73433-0146-9

100 Highlights Israel
978-3-7343-1656-2

100 Highlights Kanada
978-3-7654-8780-4

100 Highlights Neuseeland
978-3-7343-2394-2

100 Highlights New York
978-3-7343-0797-3

100 Highlights Skandinavien
978-3-7343-0652-5

100 Highlights Südamerika
978-3-7343-0651-8

100 Highlights Südostasien
978-3-7343-0659-4

100 Highlights USA
978-3-7654-8227-4

100 Highlights Wildes Europa
978-3-7343-1318-9

Deutschlands Welterbe
978-3-7343-1175-8

Highlights Antarktis
978-3-7343-0857-4

Highlights Bali
978-3-7343-2393-5

Highlights Bretagne u. Atlantikküste
978-3-7343-1032-4

Highlights Chile · Argentinien
978-3-7654-6031-9

Highlights Costa Rica
978-3-7343-0858-1

Highlights Gardasee
978-3-7654-6772-1

Highlights Iran
978-3-7343-0663-1

Highlights Island
978-3-7654-6497-3

Highlights Japan
978-3-7654-6495-9

Highlights Kreta
978-3-7654-8374-5

Highlights Kuba
978-3-7654-5596-4

Highlights Madeira
978-3-7343-0927-4

Highlights Marokko
978-3-7654-8783-5

Highlights Namibia
978-3-7654-5143-0

Highlights Norwegen
978-3-7654-4827-0

Highlights Oman m. Dubai u. Abu Dhabi
978-3-7343-1672-2

Highlights Peru
978-3-7654-5436-3

Highlights Portugal
978-3-7654-5533-9

Highlights Provence
978-3-7343-1030-0

Highlights Sri Lanka
978-3-7343-0859-8

Highlights Tibet
978-3-7343-2392-8

Highlights USA Der Westen
978-3-7654-5758-6

Highlights Vietnam
978-3-7654-5144-7

ISBN 978-3-7343-1089-8

BRUCKMANN

www.bruckmann.de